本書の特色と使い方

4段階のステップ学習で、豊かな学力が形成されます。

「音読」「なぞり書き」「書き写し」「暗唱」の4段階のシートで教科書教材を深く理解でき、ゆっくり学んでいくうちに、豊かな学力が形成されます。

ゆっくりていねいに、段階を追った学習ができます。

問題量を少なくした、ゆったりとした紙面構成で、読み書きが苦手な子どもでも、ゆっくりていねいに、段階を追って学習することができます。また、漢字が苦手な子どもでも、学習意欲が減退しないように、問題文の全てにかな文字を記載しています。

光村図書・東京書籍・教育出版の国語教科書から抜粋した詩・物語・説明文教材の問題などを掲載しています。

教科書掲載教材を使用して、授業の進度に合わせて予習・復習ができます。三社の優れた教科書教材を掲載しておりますので、ぜひご活用ください。

どの子も理解できるよう、お手本や例文を記載しています。

問題の考え方や答えの書き方の理解を補助するものとして、はじめに、なぞり書きのできるグレー文字のお手本があります。また、文作りでは例文も記載しています。

あたたかみのあるイラストで、文作りの場面理解を支援しています。

わかりやすいイラストで、文章の理解を深めます。生活の場面をイラストにして、そのイラストに言葉をそえています。イラストにそえられた言葉を手がかりに、子ども自らが文を作れるように配慮してあります。また、イラストの色塗りなども楽しめます。

支援教育の専門の先生の指導をもとに、本書を作成しています。

教科書の内容や構成を研究し、小学校の特別支援学級や支援教育担当の先生方、専門の研究者の先生方のアドバイスをもとに問題を作成しています。

※ワークシートの解答例について（お家の方や先生方へ）

本書の解答は、あくまでもひとつの「解答例」です。お子さまに取り組ませる前に、必ず指導される方が問題を解いてください。指導される方の作られた解答をもとに、お子さまの多様な考えに寄り添って〇つけをお願いします。

もっとゆっくりていねいに学べる　**作文ワーク基礎編**

（光村図書・東京書籍・教育出版の教科書教材より抜粋）

4―①　目次

書《か》き写《うつ》し・音《おん》読《どく》・暗《あん》唱《しょう》

文《ぶん》作《づく》り

書き写し・音読・暗唱　シートの見分け方

…音読・なぞり書き
…音読・書き写し
…音読・覚える・なぞり書き
…暗唱・覚えて書く

かがやき ①

名前

詩《し》を音読《おんどく》して、おぼえましょう。また、詩《し》を書《か》きましょう。

雲《くも》ががかがやいている。
林《はやし》の上《うえ》で。

みんなのほおも
かがやいている。
湖《みずうみ》のほとりで。

あ、今《いま》、太陽《たいよう》が
山《やま》をはなれた。

★書《か》き終《お》わったら、もう一度《いちど》、音読《おんどく》しましょう。

（令和二年度版　光村図書　国語　四上　かがやき　羽曽部　忠）

かがやき　②

名前

詩《し》を暗《あん》しょうしましょう。おぼえたら書《か》きましょう。

雲《くも》
か

林《はやし》
上《うえ》

み
ほ

か

湖《みずうみ》
ほ

あ
今《いま》
太《たいよう》

山《やま》
は

★書《か》き終《お》わったら、もう一度《いちど》、音読《おんどく》しましょう。

（令和二年度版　光村図書　国語　四上　かがやき　羽曽部　忠）

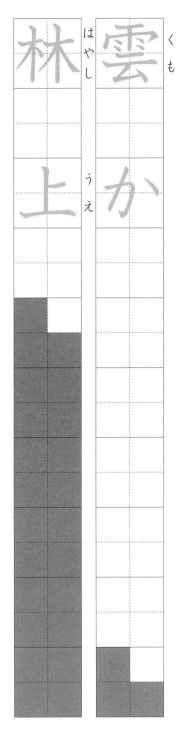

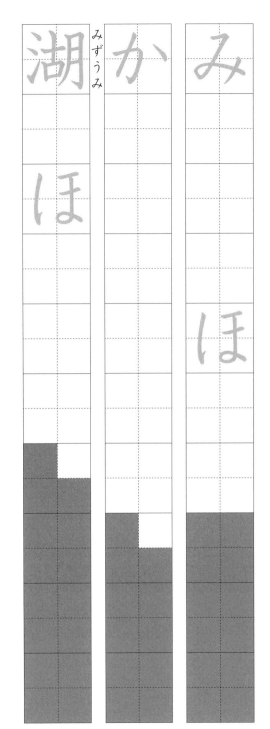

水平線《すいへいせん》 ①

名前

詩《し》を音読《おんどく》して、おぼえましょう。また、詩《し》を書《か》きましょう。

水平線《すいへいせん》

小泉《こいずみ》 周二《しゅうじ》

水平線《すいへいせん》がある
一直線《いっちょくせん》にある
ゆれているはずなのに
一直線《いっちょくせん》にある

水平線《すいへいせん》がある
はっきりとある
空《そら》とはちがうぞと
はっきりとある

水平線《すいへいせん》がある
どこまでもある
ほんとうの強《つよ》さみたいに
どこまでもある

★書《か》き終《お》わったら、もう一度《いちど》、音読《おんどく》しましょう。

（令和二年度版　東京書籍　新しい国語　四上　小泉　周二）

水平線《すいへいせん》　②

名前

詩《し》を暗《あん》しょうしましょう。おぼえたら書《か》きましょう。

水平線《すいへいせん》

小泉《こいずみ》　周二《しゅうじ》

水《すいへいせん》　あ
一《いっちょくせん》　あ
ゆ　は
一《いっちょくせん》　あ

水《すいへいせん》　あ
は　あ
空《そら》　ち
は　あ

水《すいへいせん》　あ
ど　あ
ほ　強《つよ》
ど　あ

★書《か》き終《お》わったら、もう一度《いちど》、音読《おんどく》しましょう。

（令和二年度版　東京書籍　新しい国語　四上　小泉　周二）

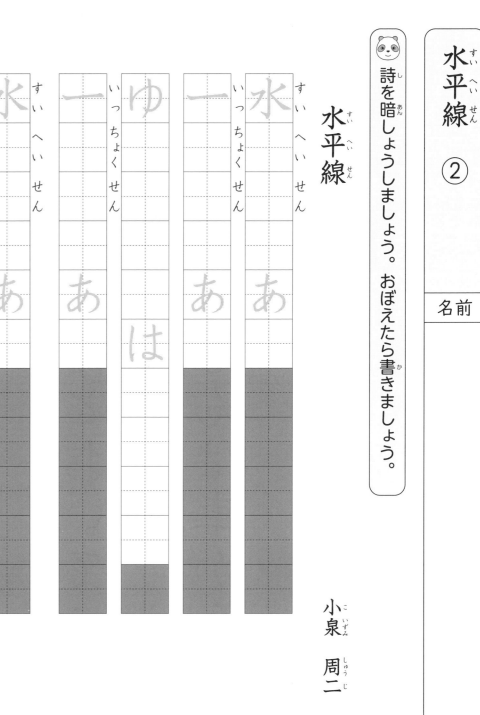

白《しろ》いぼうし ①

名前

文章《ぶんしょう》を音読《おんどく》してから、書《か》き写《うつ》しましょう。

緑《みどり》がゆれているやなぎの下《した》に、かわいい白《しろ》いぼうしが、ちょこんとおいてあります。松《まつ》井《い》さんは車《くるま》から出《で》ました。

★書《か》き終《お》わったら、もう一度《いちど》、音読《おんどく》しましょう。

（令和二年度版　光村図書　国語　四上　かがやき　あまん　きみこ）

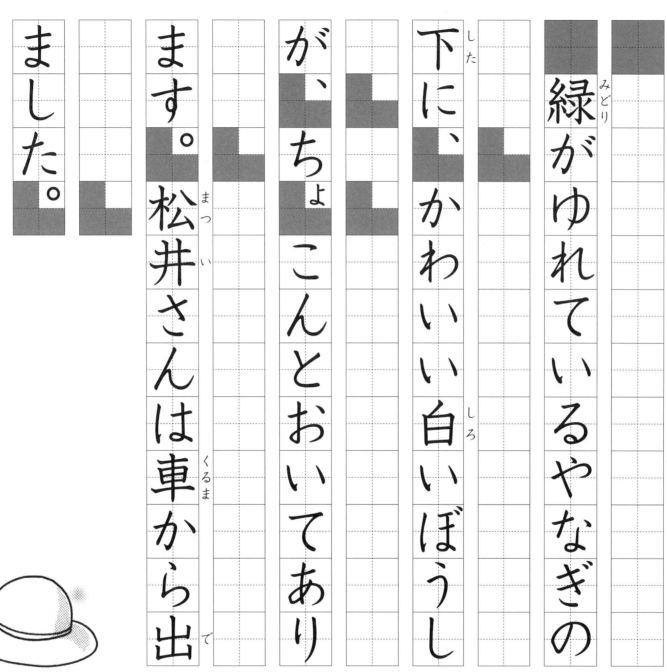

白《しろ》いぼうし　②

名前

文章《ぶんしょう》を音読《おんどく》してから、書《か》き写《うつ》しましょう。

そして、ぼうしをつまみ上《あ》げたとたん、ふわっと何《なに》かが飛《と》び出《だ》しました。

「あれっ。」

もんしろちょうです。

★書《か》き終《お》わったら、もう一度《いちど》、音読《おんどく》しましょう。

（令和二年度版　光村図書　国語　四上　かがやき　あまん　きみこ）

白《しろ》いぼうし ③

名前

文章《ぶんしょう》を音読《おんどく》してから、書《か》き写《うつ》しましょう。

白《しろ》いちょうが、二十《にじゅう》も三《さん》十《じゅう》も、いえ、もっとたくさん飛《と》んでいました。クローバーが青々《あおあお》と広《ひろ》がり、わた毛《げ》と黄《き》色《いろ》の花《はな》の交《ま》ざったたんぽぽが、点々《てんてん》のもように

★書《か》き終《お》わったら、もう一度《いちど》、音読《おんどく》しましょう。

（令和二年度版　光村図書　国語　四上　かがやき　あまん　きみこ）

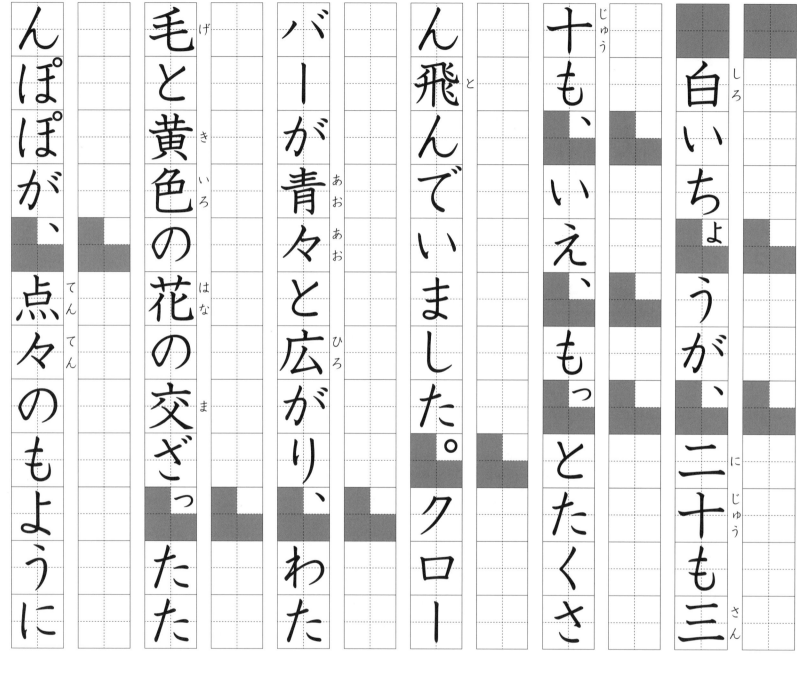

白《しろ》いぼうし ④

名前

文章《ぶんしょう》を音読《おんどく》してから、書《か》き写《うつ》しましょう。

なってさいています。その上《うえ》を、おどるように飛《と》んでいるちょうをぼんやり見《み》ているうち、松井《まつい》さんには、こんな声《こえ》が聞《き》こえてきました。

★書《か》き終《お》わったら、もう一度《いちど》、音読《おんどく》しましょう。

（令和二年度版　光村図書　国語　四上　かがやき　あまん　きみこ）

春《はる》のうた ①

名前

詩《し》を音読《おんどく》して、おぼえましょう。また、詩《し》を書《か》きましょう。

春《はる》のうた

草野《くさの》 心平《しんぺい》

ほっ　まぶしいな。
ほっ　うれしいな。

みずは　つるつる。
かぜは　そよそよ。
ケルルン　クック。
ああいいにおいだ。
ケルルン　クック。

ほっ　いぬのふぐりがさいている。
ほっ　おおきなくもがうごいてくる。

ケルルン　クック。
ケルルン　クック。

★書《か》き終《お》わったら、もう一度《いちど》、音読《おんどく》しましょう。

（令和二年度版　光村図書　国語　四上　かがやき　草野　心平）

春《はる》のうた　②

名前

詩《し》を暗《あん》しょうしましょう。おぼえたら書《か》きましょう。

春《はる》のうた

草《くさ》野《の》　心《しん》平《ぺい》

ほ　ま

ほ　う

み　つ

か　そ

ケ　ク

あ　い

ケ　ク

ほ　い　ふ

さ

ほ　お　く

う

ケ　ク

ケ　ク

★書《か》き終《お》わったら、もう一度《いちど》、音読《おんどく》しましょう。

（令和二年度版　光村図書　国語　四上　かがやき　草野　心平）

走《はし》れ ①

名前

文章《ぶんしょう》を音読《おんどく》してから、書《か》き写《うつ》しましょう。

（あ、もう走《はし》れない。）

そのとき、ふいにせなか
に、二《ふた》つの声《こえ》がかぶさった。

「姉《ねえ》ちゃん、行《い》けっ！」

「のぶよ、行《い》け！」

思《おも》わず、ぎゅんと足《あし》が

★書《か》き終《お》わったら、もう一度《いちど》、音読《おんどく》しましょう。

（令和二年度版　東京書籍　新しい国語　四上　村中　李衣）

走《はし》れ　②

名前

文章《ぶんしょう》を音読《おんどく》してから、書《か》き写《うつ》しましょう。

出《で》た。

「走《はし》れ！　そのまま、走《はし》

れ！」

おしりが、すわっと軽《かる》く

なる。次《つぎ》のしゅん間《かん》、体《からだ》に

からみついていたいろんな

★書《か》き終《お》わったら、もう一度《いちど》、音読《おんどく》しましょう。

（令和二年度版　東京書籍　新しい国語　四上　村中　李衣）

走《はし》れ ③

文章《ぶんしょう》を音読《おんどく》してから、書《か》き写《うつ》しましょう。

名前

思《おも》いが、するするとほどけていった。走《はし》った。どこまでも走《はし》れる気《き》がした。とうめいな空《くう》気《き》の中《なか》に、体《からだ》ごと飛《と》びこんだ。

「はい、君《きみ》がラストね。」

★書《か》き終《お》わったら、もう一度《いちど》、音読《おんどく》しましょう。

（令和二年度版　東京書籍　新しい国語　四上　村中　李衣）

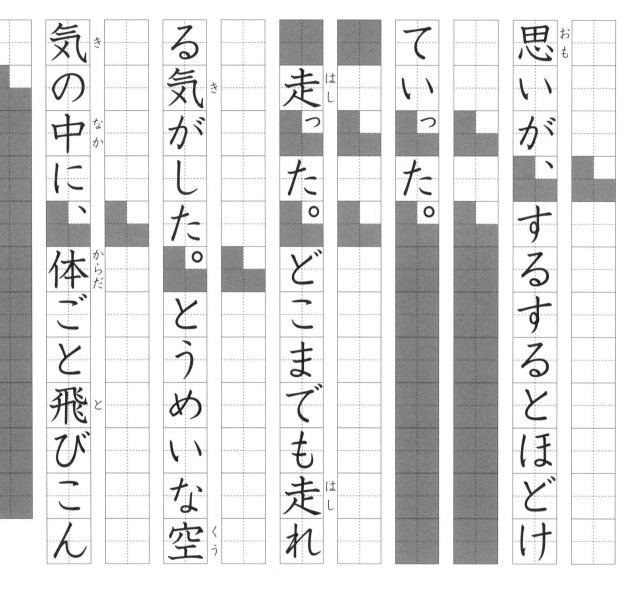

走《はし》れ ④

名前

文章《ぶんしょう》を音読《おんどく》してから、書《か》き写《うつ》しましょう。

とつぜん、係《かかり》の声《こえ》がした。

体《からだ》の中《なか》は、まだ、どくどく波《なみ》打《う》って走《はし》り続《つづ》けている感《かん》じだ。

ラストという言葉《ことば》が、こんなにほこらしく聞《き》こえたことは、初《はじ》めてだった。

★書《か》き終《お》わったら、もう一度《いちど》、音読《おんどく》しましょう。

（令和二年度版　東京書籍　新しい国語　四上　村中　李衣）

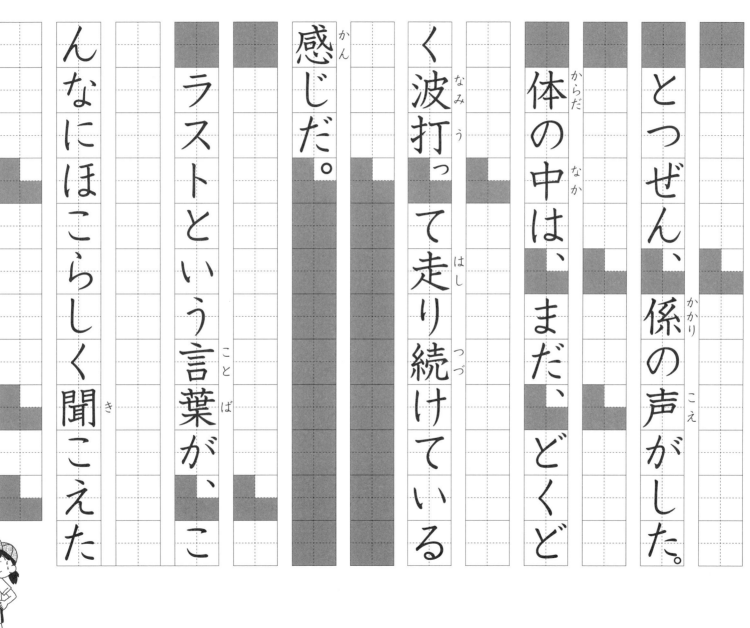

一《ひと》つの花《はな》　①

文章《ぶんしょう》を音読《おんどく》してから、書《か》き写《うつ》しましょう。

名前

「一つだけちょうだい。」
「一《ひと》つだけちょうだい。」
これが、ゆみ子のはっき
これが、ゆみ子《こ》のはっき
り覚えた最初の言葉でした。
り覚《おぼ》えた最初《さいしょ》の言葉《ことば》でした。
まだ戦争のはげしかった
まだ戦争《せんそう》のはげしかった
ころのことです。
ころのことです。

★書《か》き終《お》わったら、もう一度《いちど》、音読《おんどく》しましょう。

（令和二年度版　光村図書　国語　四上　かがやき　今西　祐行）

一《ひと》つの花《はな》 ②

名前

文章《ぶんしょう》を音読《おんどく》してから、書《か》き写《うつ》しましょう。

「一《ひと》つだけちょうだい。」

これが、ゆみ子《こ》のはっきり覚《おぼ》えた最初《さいしょ》の言葉《ことば》でした。まだ戦争《せんそう》のはげしかったころのことです。

★書《か》き終《お》わったら、もう一度《いちど》、音読《おんどく》しましょう。

（令和二年度版　光村図書　国語　四上　かがやき　今西　祐行）

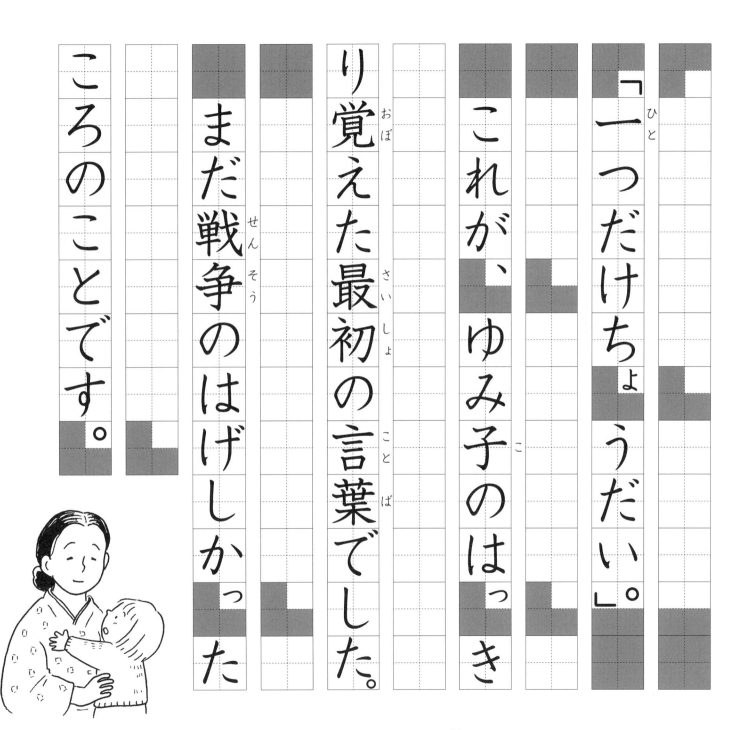

一《ひと》つの花《はな》 ③

名前

文章《ぶんしょう》を音読《おんどく》してから、書《か》き写《うつ》しましょう。

ゆみ子《こ》は、いつもおなかをすかしていたのでしょうか。ごはんのときでも、おやつのときでも、もっともっとと言《い》って、いくらでもほしがるのでした。

ゆみ子は、いつもおなかをすかしていたのでしょうか。ごはんのときでも、おやつのときでも、もっともっとと言って、いくらでもほしがるのでした。

★書《か》き終《お》わったら、もう一度《いちど》、音読《おんどく》しましょう。

（令和二年度版　光村図書　国語　四上　かがやき　今西　祐行）

一《ひと》つの花《はな》 ④

名前

文章《ぶんしょう》を音読《おんどく》してから、書《か》き写《うつ》しましょう。

　ゆみ子《こ》は、いつもおなかをすかしていたのでしょうか。ごはんのときでも、おやつのときでも、もっともっと言《い》って、いくらでもほしがるのでした。

★書《か》き終《お》わったら、もう一度《いちど》、音読《おんどく》しましょう。

（令和二年度版　光村図書　国語　四上　かがやき　今西　祐行）

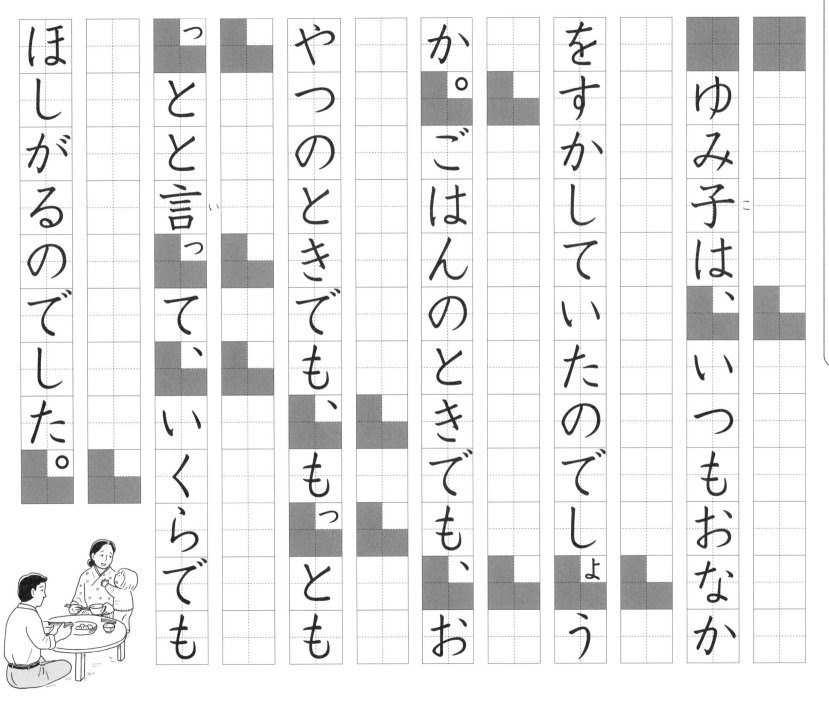

一《ひと》つの花《はな》 ⑤

名前

文章《ぶんしょう》を音読《おんどく》してから、書《か》き写《うつ》しましょう。

すると、ゆみ子のお母さ
すると、ゆみ子《こ》のお母《かあ》さ
んは、
んは、
「じゃあね、一つだけよ。」
「じゃあね、一《ひと》つだけよ。」
と言って、自分の分から一
と言《い》って、自《じ》分《ぶん》の分《ぶん》から一《ひと》
つ、ゆみ子に分けてくれる
つ、ゆみ子《こ》に分《わ》けてくれる
のでした。
のでした。

★書《か》き終《お》わったら、もう一度《いちど》、音読《おんどく》しましょう。

（令和二年度版　光村図書　国語　四上　かがやき　今西　祐行）

一《ひと》つの花《はな》 ⑥

名前

文章《ぶんしょう》を音読《おんどく》してから、書《か》き写《うつ》しましょう。

すると、ゆみ子《こ》のお母《かあ》さんは、

「じゃあね、一《ひと》つだけよ。」

と言《い》って、自分《じぶん》の分《ぶん》から一《ひと》つ、ゆみ子《こ》に分《わ》けてくれるのでした。

★書《か》き終《お》わったら、もう一度《いちど》、音読《おんどく》しましょう。

（令和二年度版　光村図書　国語　四上　かがやき　今西　祐行）

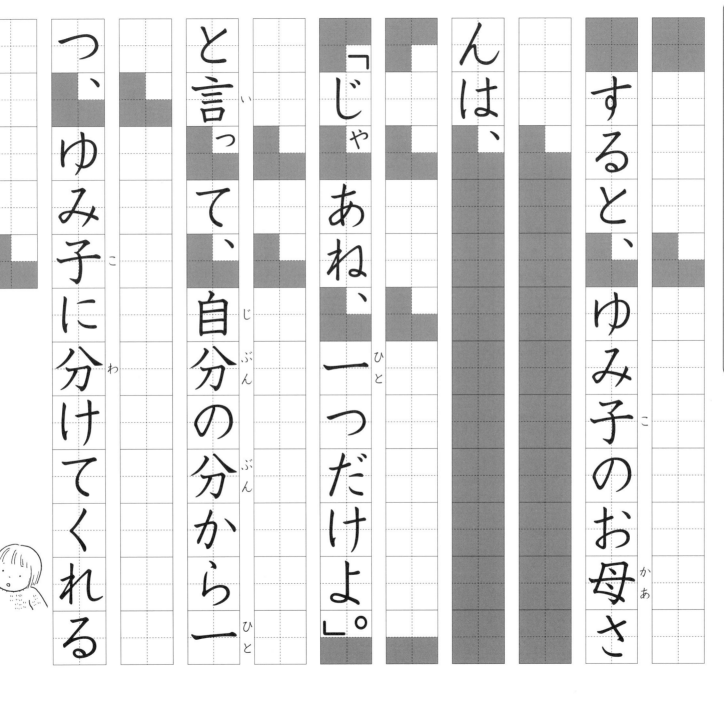

一《ひと》つの花《はな》 ⑦

文章《ぶんしょう》を音読《おんどく》してから、書《か》き写《うつ》しましょう。

名前

　それからまもなく、あま
　それからまもなく、あま
りじょうぶでないゆみ子の
りじょうぶでないゆみ子《こ》の
お父さんも、戦争に行かな
お父《とう》さんも、戦争《せんそう》に行《い》かな
ければならない日がやって
ければならない日《ひ》がやって
来ました。
来《き》ました。

★書《か》き終《お》わったら、もう一度《いちど》、音読《おんどく》しましょう。

（令和二年度版　光村図書　国語　四上　かがやき　今西　祐行）

一《ひと》つの花《はな》　⑧

名前

文章《ぶんしょう》を音読《おんどく》してから、書《か》き写《うつ》しましょう。

それからまもなく、あまりじょうぶでないゆみ子《こ》のお父《とう》さんも、戦争《せんそう》に行《い》かなければならない日《ひ》がやって来《き》ました。

★書《か》き終《お》わったら、もう一度《いちど》、音読《おんどく》しましょう。

（令和二年度版　光村図書　国語　四上　かがやき　今西　祐行）

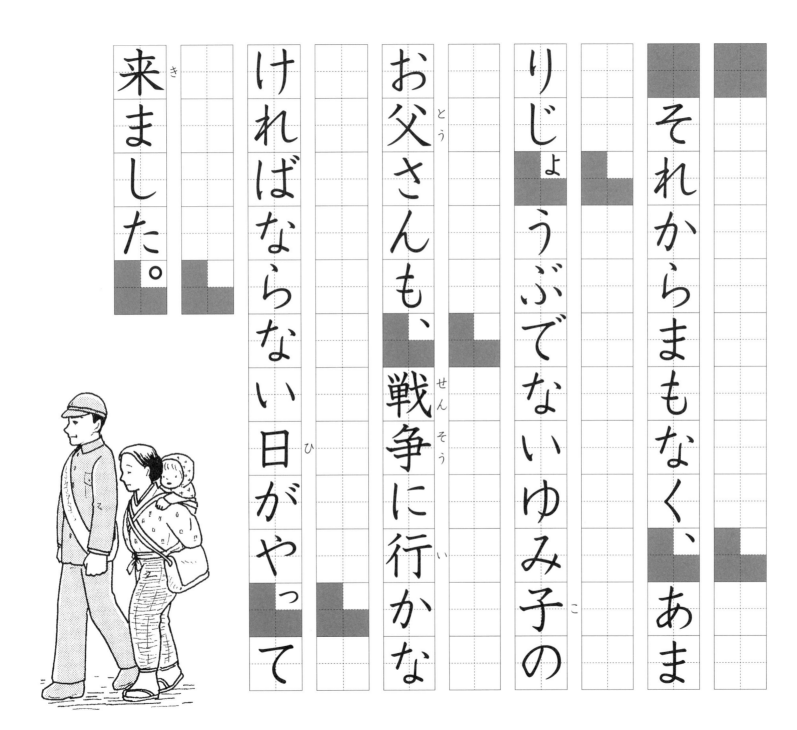

一《ひと》つの花《はな》 ⑨

文章《ぶんしょう》を音読《おんどく》してから、書《か》き写《うつ》しましょう。

名前

お父さんが戦争に行く日、
お父《とう》さんが戦争《せんそう》に行《い》く日《ひ》、
ゆみ子は、お母さんにおぶ
ゆみ子《こ》は、お母《かあ》さんにおぶ
われて、遠い汽車の駅まで
われて、遠《とお》い汽車《きしゃ》の駅《えき》まで
送っていきました。
送《おく》っていきました。

★書《か》き終《お》わったら、もう一度《いちど》、音読《おんどく》しましょう。

（令和二年度版　光村図書　国語　四上　かがやき　今西　祐行）

一《ひと》つの花《はな》 ⑩

名前

文章《ぶんしょう》を音読《おんどく》してから、書《か》き写《うつ》しましょう。

お父《とう》さんが戦争《せんそう》に行《い》く日《ひ》、
ゆみ子《こ》は、お母《かあ》さんにおぶ
われて、遠《とお》い汽車《きしゃ》の駅《えき》まで
送《おく》っていきました。

★書《か》き終《お》わったら、もう一度《いちど》、音読《おんどく》しましょう。

（令和二年度版　光村図書　国語　四上　かがやき　今西　祐行）

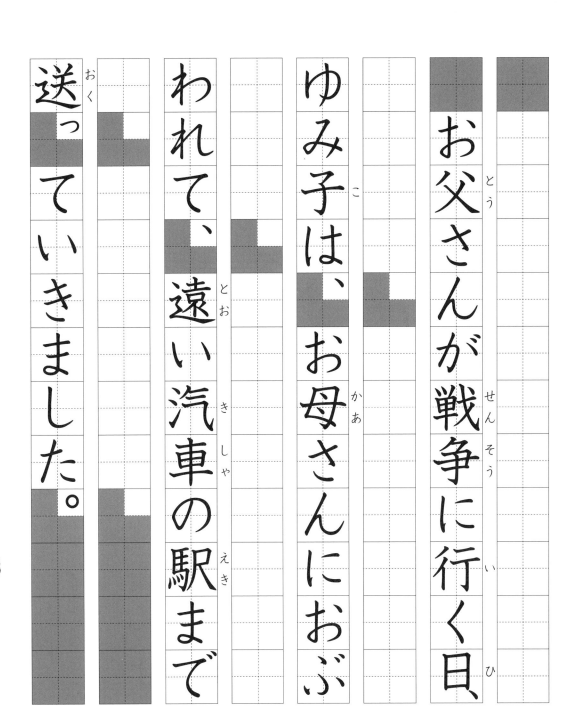

一《ひと》つの花《はな》 ⑪

文章《ぶんしょう》を音読《おんどく》してから、書《か》き写《うつ》しましょう。

名前

　お父さんは、プラットホ
　お父《とう》さんは、プラットホ
ームのはしっぽの、ごみす
ームのはしっぽの、ごみす
て場のような所に、わすれ
て場《ば》のような所《ところ》に、わすれ
られたようにさいていたコ
られたようにさいていたコ
スモスの花を見つけたので
スモスの花《はな》を見《み》つけたので
す。
す。

★書《か》き終《お》わったら、もう一度《いちど》、音読《おんどく》しましょう。

（令和二年度版　光村図書　国語　四上　かがやき　今西　祐行）

一《ひと》つの花《はな》 ⑫

名前

文章《ぶんしょう》を音読《おんどく》してから、書《か》き写《うつ》しましょう。

お父《とう》さんは、プラットホームのはしっぽの、ごみすて場《ば》のような所《ところ》に、わすれられたようにさいていたコスモスの花《はな》を見《み》つけたのです。

★書《か》き終《お》わったら、もう一度《いちど》、音読《おんどく》しましょう。

（令和二年度版　光村図書　国語　四上　かがやき　今西　祐行）

一《ひと》つの花《はな》 ⑬

名前

文章《ぶんしょう》を音読《おんどく》してから、書《か》き写《うつ》しましょう。

あわてて帰ってきたお父さん

あわてて帰《かえ》ってきたお父《とう》さん

の手には、一輪のコスモスの

の手《て》には、一輪《いちりん》のコスモスの

花がありました。

花《はな》がありました。

「ゆみ。さあ、一つだけあげ

「ゆみ。さあ、一《ひと》つだけあげ

よう。一つだけのお花、大

よう。一《ひと》つだけのお花《はな》、大《だい》

事にするんだよう――」。

事《じ》にするんだよう――」。

★書《か》き終《お》わったら、もう一度《いちど》、音読《おんどく》しましょう。

（令和二年度版　光村図書　国語　四上　かがやき　今西　祐行）

一《ひと》つの花《はな》 ⑭

文《ぶん》章《しょう》を音《おん》読《どく》してから、書《か》き写《うつ》しましょう。

名前

あわてて帰《かえ》ってきたお父《とう》さんの手《て》には、一輪《いちりん》のコスモスの花《はな》がありました。

「ゆみ。さあ、一《ひと》つだけあげよう。一《ひと》つだけのお花《はな》、大《だい》事《じ》にするんだよう――」。

★書《か》き終《お》わったら、もう一度《いちど》、音読《おんどく》しましょう。

（令和二年度版　光村図書　国語　四上　かがやき　今西　祐行）

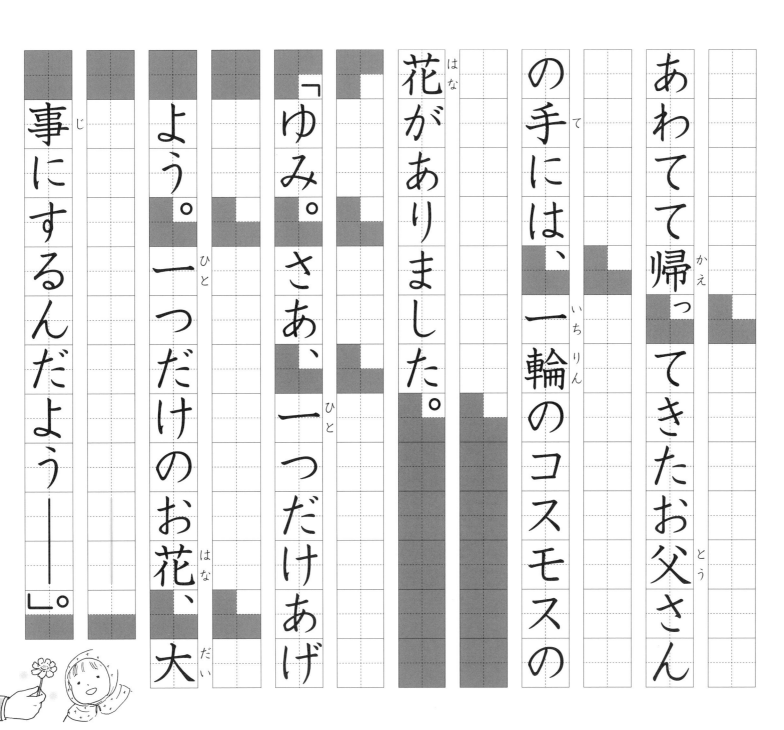

一《ひと》つの花《はな》 ⑮

名前

文章《ぶんしょう》を音読《おんどく》してから、書《か》き写《うつ》しましょう。

ゆみ子《こ》は、お父《とう》さん
に花《はな》をもらうと、
キャッキャッと足《あし》をば
たつかせてよろこびま
した。

ゆみ子は、お父さん
に花をもらうと、
キャッキャッと足をば
たつかせてよろこびま
した。

★書《か》き終《お》わったら、もう一度《いちど》、音読《おんどく》しましょう。

（令和二年度版　光村図書　国語　四上　かがやき　今西　祐行）

一《ひと》つの花《はな》　⑯

名前

文章《ぶんしょう》を音読《おんどく》してから、書《か》き写《うつ》しましょう。

ゆみ子《こ》は、お父《とう》さん
に花《はな》をもらうと、
キャッキャッと足《あし》をば
たつかせてよろこびま
した。

★書《か》き終《お》わったら、もう一度《いちど》、音読《おんどく》しましょう。

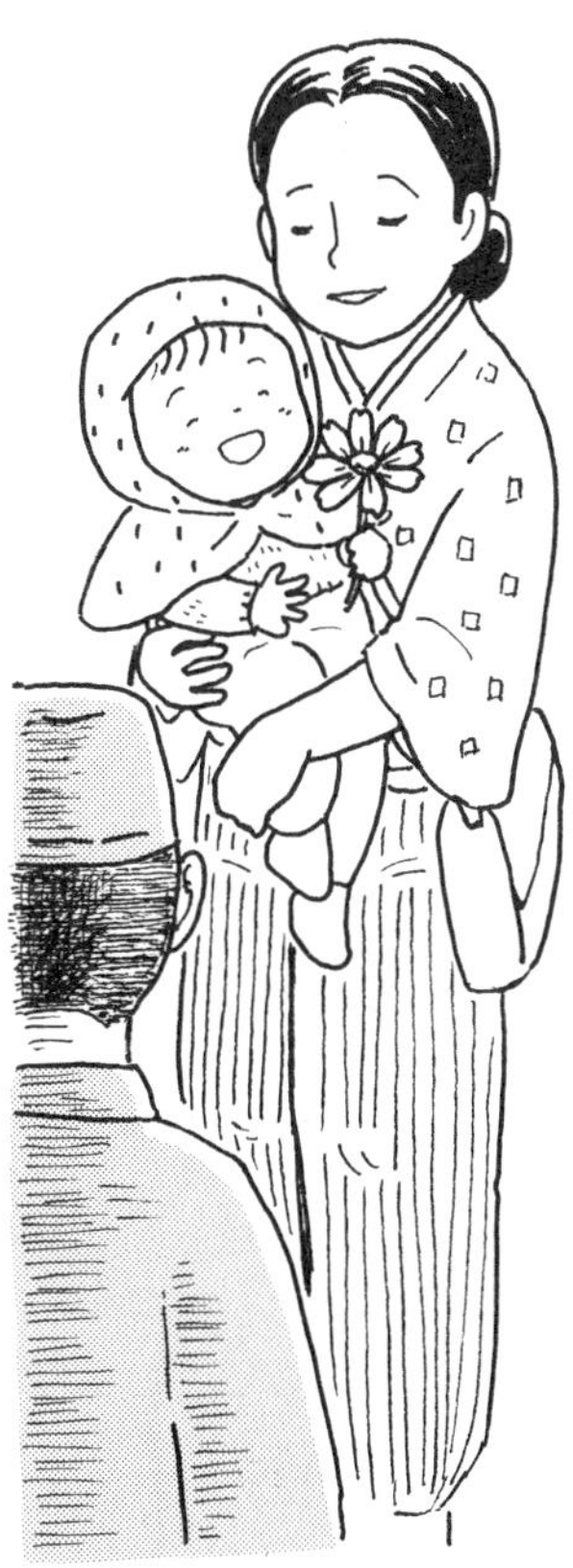

（令和二年度版　光村図書　国語　四上　かがやき　今西　祐行）

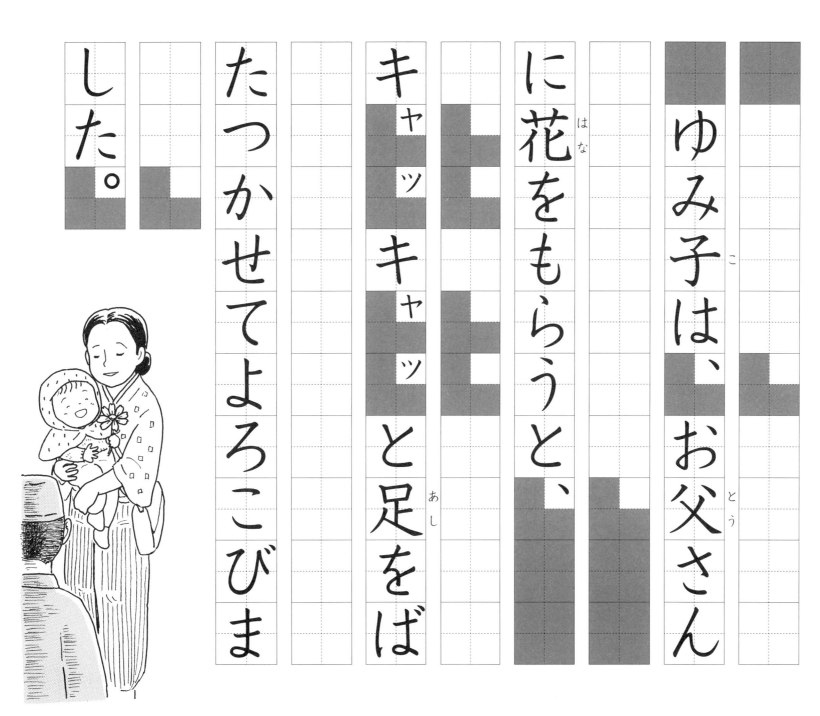

一《ひと》つの花《はな》 ⑰

文章《ぶんしょう》を音読《おんどく》してから、書《か》き写《うつ》しましょう。

名前

　お父さんは、それを見て
　お父《とう》さんは、それを見《み》て
にっこりわらうと、何も言
にっこりわらうと、何《なに》も言《い》
わずに、汽車に乗って行っ
わずに、汽車《きしゃ》に乗《の》って行《い》っ
てしまいました。ゆみ子の
てしまいました。ゆみ子《こ》の
にぎっている、一つの花を
にぎっている、一《ひと》つの花《はな》を
見つめながら――。
見《み》つめながら――。

★書《か》き終《お》わったら、もう一度《いちど》、音読《おんどく》しましょう。

（令和二年度版　光村図書　国語　四上　かがやき　今西　祐行）

一《ひと》つの花《はな》 ⑱

文章《ぶんしょう》を音読《おんどく》してから、書《か》き写《うつ》しましょう。

名前

お父《とう》さんは、それを見《み》てにっこりわらうと、何《なに》も言《い》わずに、汽車《きしゃ》に乗《の》って行《い》ってしまいました。ゆみ子《こ》のにぎっている、一《ひと》つの花《はな》を見《み》つめながら——。

★書《か》き終《お》わったら、もう一度《いちど》、音読《おんどく》しましょう。

（令和二年度版　光村図書　国語　四上　かがやき　今西　祐行）

ふしぎ ①

名前

詩《し》を音読《おんどく》してから、書《か》き写《うつ》しましょう。

ふしぎ

金子《かねこ》　みすゞ《(ず)》

わたしはふしぎで
わたしはふしぎで
たまらない、
たまらない、
黒い雲からふる雨が、
黒《くろ》い雲《くも》からふる雨《あめ》が、
銀にひかっていることが。
銀《ぎん》にひかっていることが。

わたしはふしぎで
わたしはふしぎで
たまらない、
たまらない、

★書《か》き終《お》わったら、もう一度《いちど》、音読《おんどく》しましょう。

（令和二年度版　東京書籍　新しい国語　四上　金子　みすゞ）

ふしぎ　②

名前

詩《し》を音読《おんどく》してから、書《か》き写《うつ》しましょう。

ふしぎ

金子《かねこ》　みすゞ《ず》

わたしはふしぎで
たまらない、
黒《くろ》い雲《くも》からふる雨《あめ》が、
銀《ぎん》にひかっていることが。

わたしはふしぎで
たまらない、

★書《か》き終《お》わったら、もう一度《いちど》、音読《おんどく》しましょう。

（令和二年度版　東京書籍　新しい国語　四上　金子　みすゞ）

ふしぎ ③

詩《し》を音読《おんどく》してから、書《か》き写《うつ》しましょう。

名前

青いくわの葉たべている、
青《あお》いくわの葉《は》たべている、
かいこが白くなることが。
かいこが白《しろ》くなることが。

わたしはふしぎで
わたしはふしぎで
たまらない、
たまらない、

たれもいじらぬ夕顔が、
たれもいじらぬ夕顔《ゆうがお》が、
ひとりでぱらりと開くのが。
ひとりでぱらりと開《ひら》くのが。

★書《か》き終《お》わったら、もう一度《いちど》、音読《おんどく》しましょう。

（令和二年度版　東京書籍　新しい国語　四上　金子　みすゞ）

ふしぎ　④

名前

詩《し》を音読《おんどく》してから、書《か》き写《うつ》しましょう。

青《あお》いくわの葉《は》たべている、
かいこが白《しろ》くなることが。
わたしはふしぎで
たまらない、
たれもいじらぬ夕顔《ゆうがお》が、
ひとりでぱらりと開《ひら》くのが。

★書《か》き終《お》わったら、もう一度《いちど》、音読《おんどく》しましょう。

（令和二年度版　東京書籍　新しい国語　四上　金子　みすゞ）

ふしぎ　⑤

詩《し》を音読《おんどく》してから、書《か》き写《うつ》しましょう。

名前

わたしはふしぎで
わたしはふしぎで
たまらない、
たまらない、
たれにきいても
たれにきいても
わらってて、
わらってて、
あたりまえだ、
あたりまえだ、
ということが。
ということが。

★書《か》き終《お》わったら、もう一度《いちど》、音読《おんどく》しましょう。

（令和二年度版　東京書籍　新しい国語　四上　金子　みすゞ）

ふしぎ　⑥

名前

詩《し》を音読《おんどく》してから、書《か》き写《うつ》しましょう。

わたしはふしぎで
たまらない、
たれにきいても
わらってて、
あたりまえだ、
ということが。

★書《か》き終《お》わったら、もう一度《いちど》、音読《おんどく》しましょう。

（令和二年度版　東京書籍　新しい国語　四上　金子　みすゞ）

ふしぎ　⑦

名前

詩《し》を音読《おんどく》して、おぼえましょう。また、詩《し》を書《か》きましょう。

ふしぎ

金子《かねこ》　みすゞ《ず》

わたしはふしぎで
たまらない、
黒《くろ》い雲《くも》からふる雨《あめ》が、
銀《ぎん》にひかっていることが。

わたしはふしぎで
たまらない、
青《あお》いくわの葉《は》
たべている、
かいこが
白《しろ》くなることが。

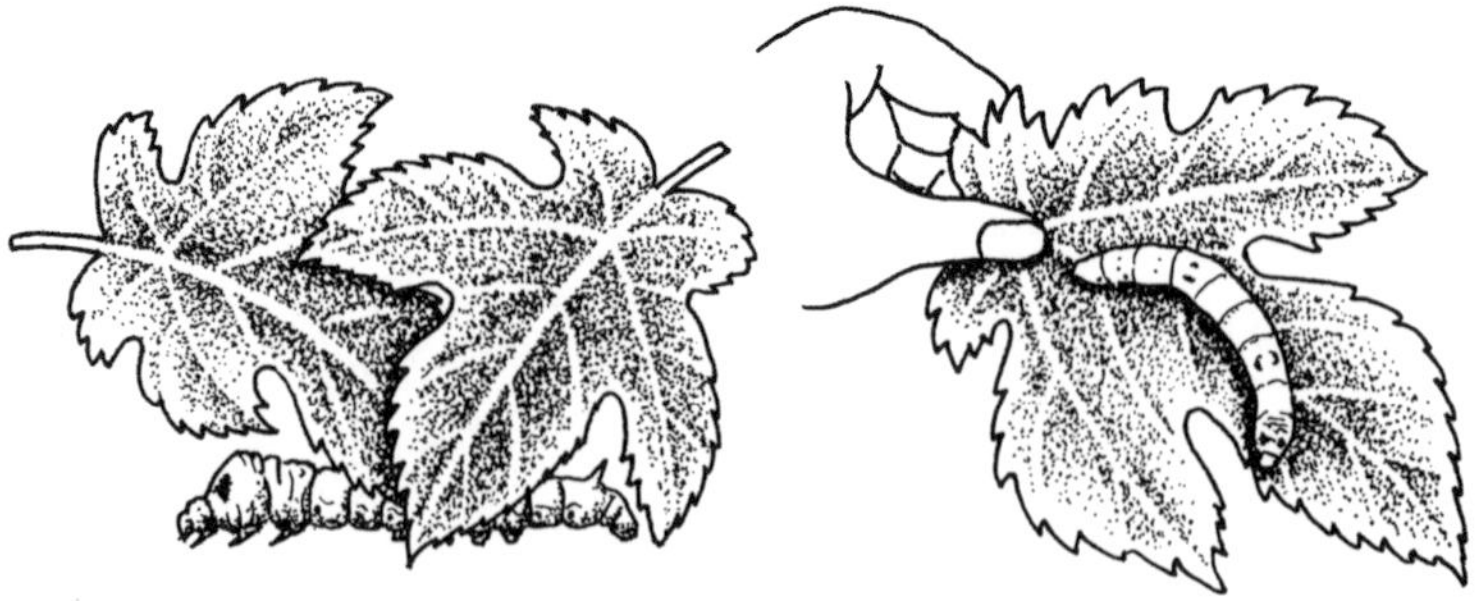

★書《か》き終《お》わったら、もう一度《いちど》、音読《おんどく》しましょう。

（令和二年度版　東京書籍　新しい国語　四上　金子　みすゞ）

ふしぎ ⑧

名前

詩《し》を暗《あん》しょうしましょう。おぼえたら書《か》きましょう。

ふしぎ

金子《かねこ》　みすゞ（ず）

わ　ふ

た

黒《くろ》　雲《くも》　ふ　雨《あめ》、

銀《ぎん》　ひ

い　。

わ　ふ

た

青《あお》　く　葉《は》

た

か

白《しろ》　な

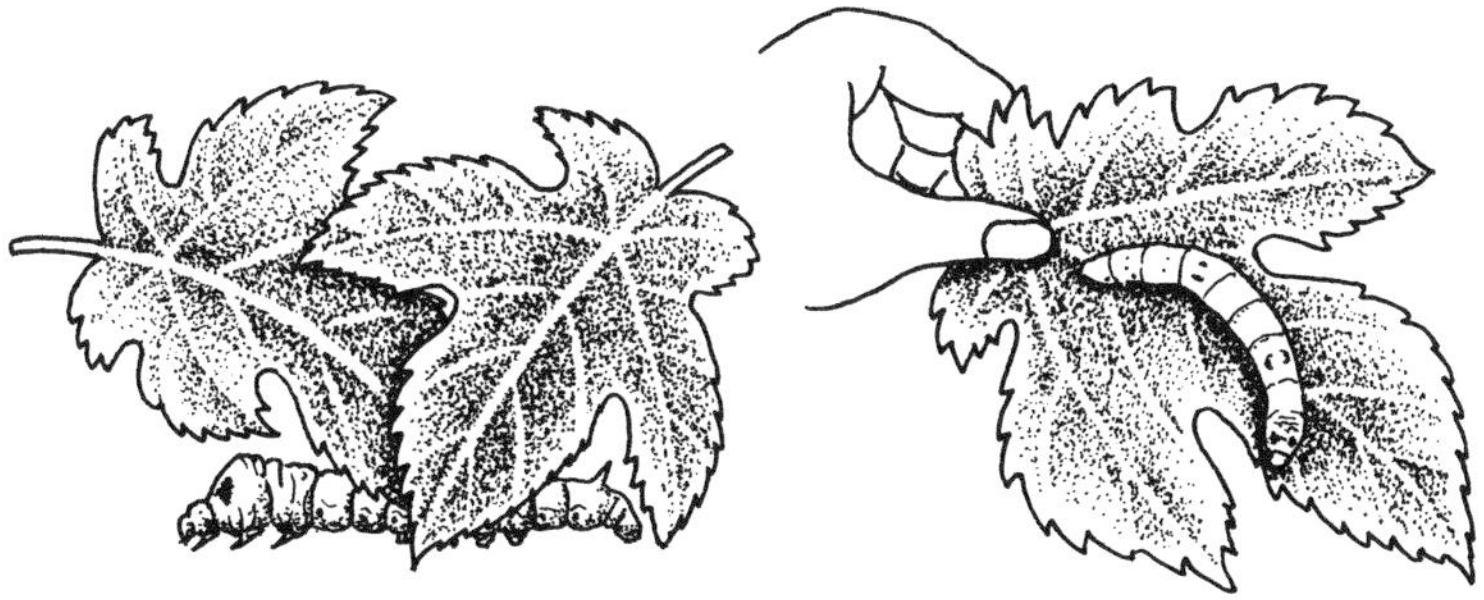

★書《か》き終《お》わったら、もう一度《いちど》、音読《おんどく》しましょう。

(令和二年度版　東京書籍　新しい国語　四上　金子　みすゞ)

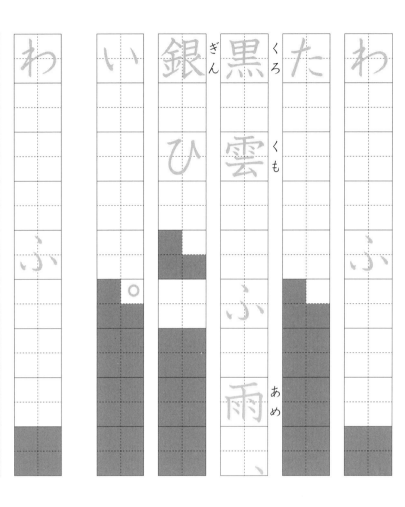

ふしぎ　⑨

名前

詩《し》を音読《おんどく》して、おぼえましょう。また、詩《し》を書《か》きましょう。

わたしはふしぎで
たまらない、
たれもいじらぬ夕顔《ゆうがお》が、
ひとりでぱらりと
開《ひら》くのが。

わたしはふしぎで
たまらない、
たれにきいても
わらってて、
あたりまえだ、
ということが。

★書《か》き終《お》わったら、もう一度《いちど》、音読《おんどく》しましょう。

（令和二年度版　東京書籍　新しい国語　四上　金子　みすゞ）

ふしぎ　⑩

名前

詩《し》を暗《あん》しょうしましょう。おぼえたら書《か》きましょう。

わ　ふ
た
た　い　夕《ゆうがお》、
ひ　ぱ
開《ひら》
わ　ふ
た
た　き
わ
あ
と

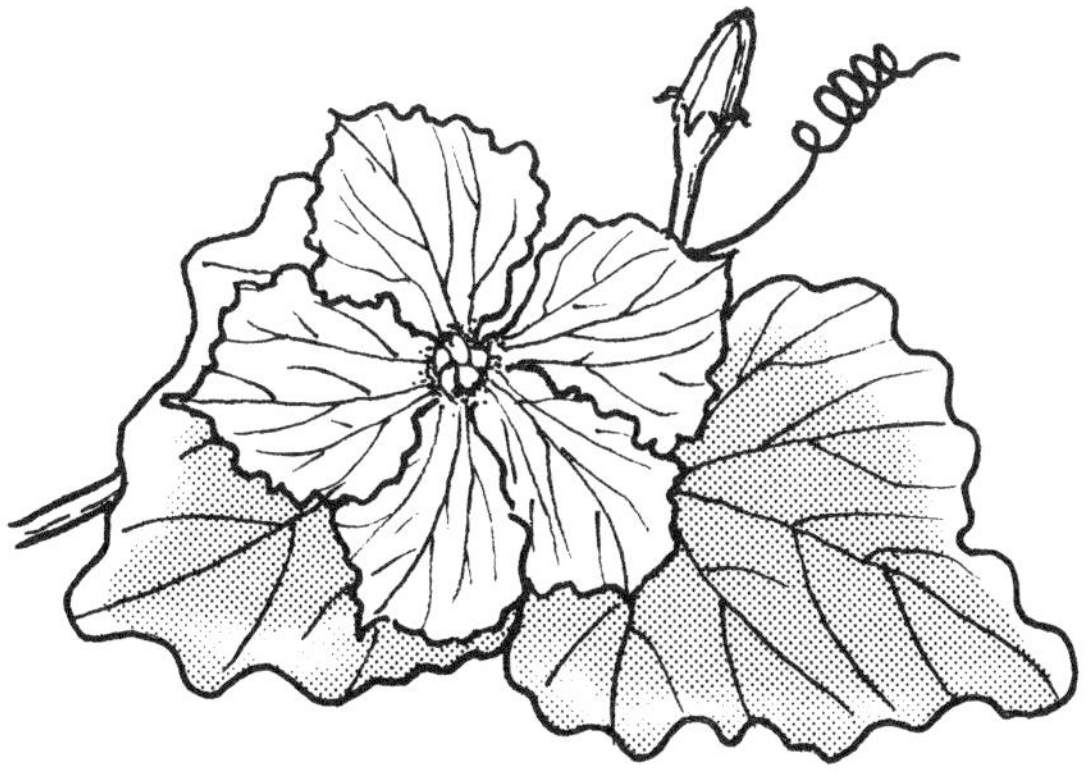

★書《か》き終《お》わったら、もう一度《いちど》、音読《おんどく》しましょう。

（令和二年度版　東京書籍　新しい国語　四上　金子　みすゞ）

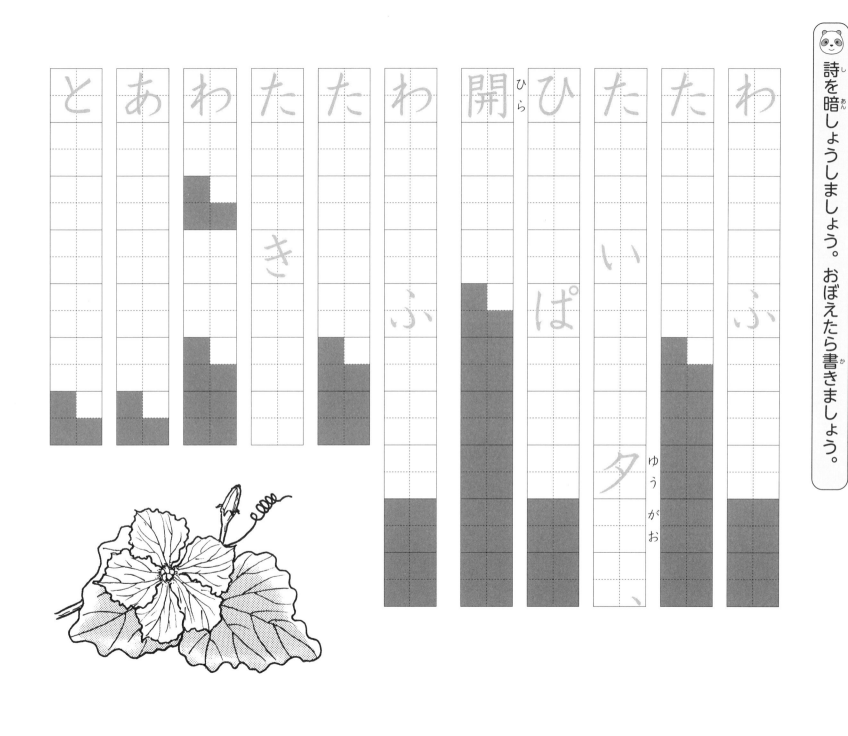

よかったなあ　①

名前

詩《し》を音読《おんどく》して、おぼえましょう。また、詩《し》を書《か》きましょう。

よかったなあ

まど・みちお

よかったなあ　草《くさ》や木《き》が
ぼくらの　まわりに
いてくれて
目《め》のさめる
みどりの葉《は》っぱ
美《うつく》しいものの代表《だいひょう》　花《はな》
かぐわしい実《み》

よかったなあ　草《くさ》や木《き》が
何《なん》おく　何《なん》ちょう
もっと数《かず》かぎりなく
いてくれて

★書《か》き終《お》わったら、もう一度《いちど》、音読《おんどく》しましょう。

（令和二年度版　東京書籍　新しい国語　四上　まど・みちお）

よかったなあ　②

名前

詩《し》を暗《あん》しょうしましょう。おぼえたら書《か》きましょう。

よかったなあ

まど・みちお

よ　草《くさ》　木《き》
ぼ　ま
い
目《め》　さ
み　葉《は》
美《うつく》　代《だいひょう》　花《はな》
か　実《み》
よ　草《くさ》　《き》
何《なん》　何《なん》
も　数《かず》か
い

★書《か》き終《お》わったら、もう一度《いちど》、音読《おんどく》しましょう。

（令和二年度版　東京書籍　新しい国語　四上　まど・みちお）

よかったなあ ③

名前

詩《し》を音読《おんどく》して、おぼえましょう。また、詩《し》を書《か》きましょう。

どの　ひとつひとつも
みんな　めいめいに
違《ちが》って　いてくれて
よかったなあ　草《くさ》や木《き》が
どんなところにも
いてくれて
鳥《とり》や　けものや
虫《むし》や　人《ひと》
何《なに》が訪《たず》ねるのをでも
そこで動《うご》かないで
待《ま》っていてくれて

★書《か》き終《お》わったら、もう一度《いちど》、音読《おんどく》しましょう。

（令和二年度版　東京書籍　新しい国語　四上　まど・みちお）

よかったなあ ④

名前

詩《し》を暗《あん》しょうしましょう。おぼえたら書《か》きましょう。

ど ひ
み め
違《ちが》 い

よ 草《くさ》 《き》
ど と
い
鳥《とり》 け
虫《むし》 人《ひと》
何《なに》 訪《たず》
そ 動《うご》
待《ま》 い

★書《か》き終《お》わったら、もう一度《いちど》、音読《おんどく》しましょう。

（令和二年度版　東京書籍　新しい国語　四上　まど・みちお）

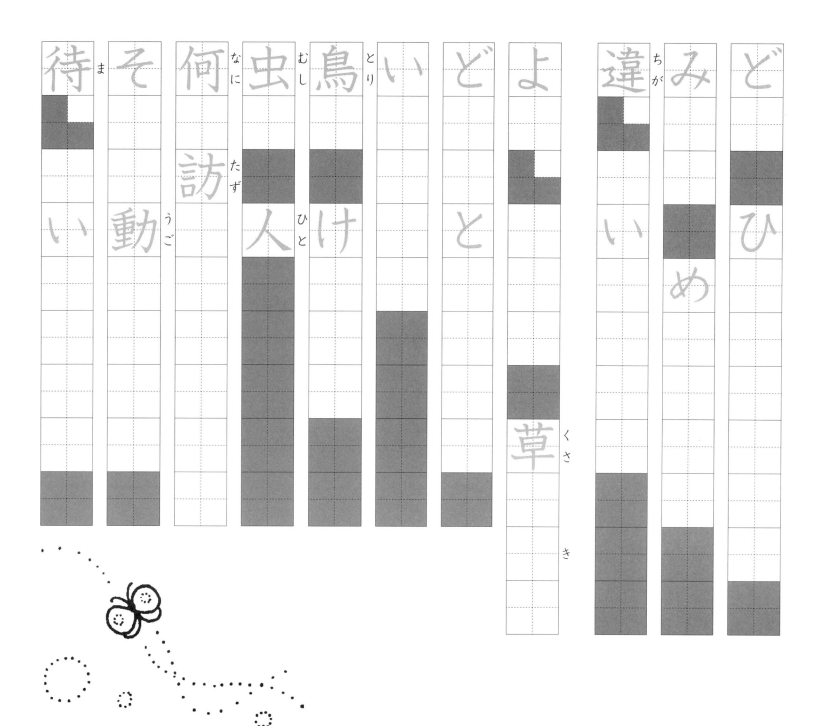

よかったなあ ⑤

名前

詩《し》を音読《おんどく》して、おぼえましょう。また、詩《し》を書《か》きましょう。

ああ　よかったなあ
草《くさ》や木《き》がいつも
雨《あめ》に洗《あら》われ
風《かぜ》にみがかれ
太陽《たいよう》にかがやいて
きらきらと

★書《か》き終《お》わったら、もう一度《いちど》、音読《おんどく》しましょう。

（令和二年度版　東京書籍　新しい国語　四上　まど・みちお）

補充注文カード

定価2,860円（本体2,600円+税10%）

貴店名	
年　月　日	
部数	部
書名	喜楽研の支援教育シリーズ もっとゆっくりていねいに学べる 作文ワーク基礎編 4-① （光村図書・東京書籍・教育出版の教科書教材より抜粋） 「読む・写す・書く」個別指導に最適
発行所	喜楽研 （わかる喜び学ぶ楽しさを創造する教育研究所略称）
著編	原田善造

9784862774392

ISBN978-4-86277-439-2
C3037 ¥2600E

定価2,860円（本体2,600円+税10%）

定価2,860円
(本体2,600円+税10%)

売上カード

年　　月　　日

発行所	書名	編著
喜楽研 (わかる喜び学ぶ楽しさを創造する教育研究所略称)	喜楽研の支援教育シリーズ もっとゆっくりていねいに学べる 作文ワーク基礎編 4-① (光村図書・東京書籍・教育出版の教科書教材より抜粋「読む・写す・書く」個別指導に最適)	原田善造

定価2,860円
(本体2,600円+税10%)

喜楽研
京都市中京区高倉通
二条下ル瓦町543-1
TEL 075-213-7701
FAX 075-213-7706

よかったなあ ⑥

名前

詩《し》を暗《あん》しょうしましょう。おぼえたら書《か》きましょう。

あ　　よ
草《くさ》　き　い
雨《あめ》　洗《あら》
風《かぜ》　み
太《たい》　よう　か
き

★書《か》き終《お》わったら、もう一度《いちど》、音読《おんどく》しましょう。

（令和二年度版　東京書籍　新しい国語　四上　まど・みちお）

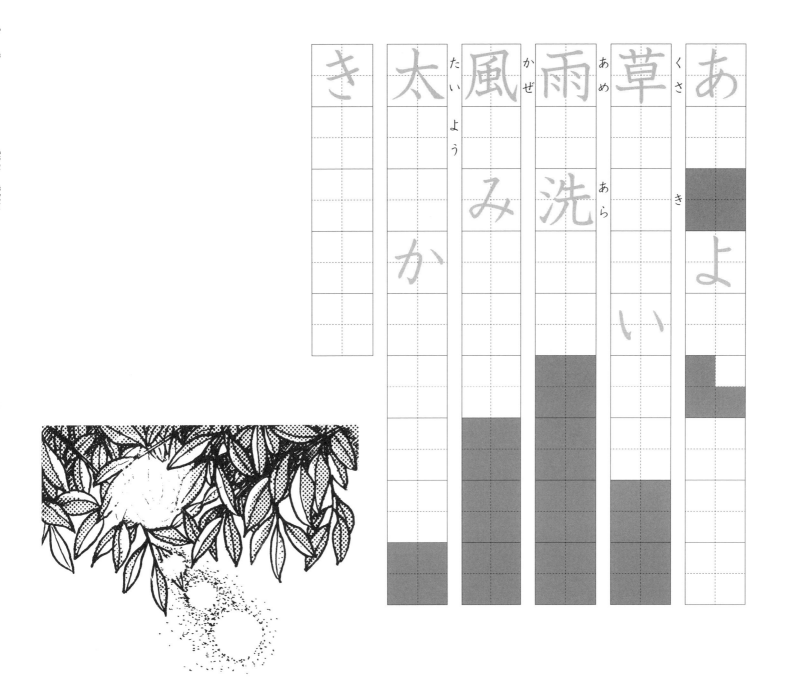

忘《わす》れもの ①

名前

詩《し》を音読《おんどく》して、おぼえましょう。また、詩《し》を書《か》きましょう。

忘《わす》れもの

入道雲《にゅうどうぐも》にのって
夏休《なつやす》みは
いってしまった
「サヨナラ」の
かわりに
素晴《すば》らしい夕立《ゆうだち》を
ふりまいて

高田《たかだ》 敏子《としこ》

★書《か》き終《お》わったら、もう一度《いちど》、音読《おんどく》しましょう。

（令和二年度版　光村図書　国語　四上　かがやき　高田　敏子）

忘《わす》れもの　②

名前

詩《し》を暗《あん》しょうしましょう。おぼえたら書《か》きましょう。

忘《わす》れもの

高田《たかだ》　敏子《としこ》

入《にゅうどうぐも》　の

夏《なつやす》

い　し

「サ

か

素《すば》　夕《ゆうだち》

ふ

★書《か》き終《お》わったら、もう一度《いちど》、音読《おんどく》しましょう。

（令和二年度版　光村図書　国語　四上　かがやき　高田　敏子）

忘《わす》れもの ③

詩《し》を音読《おんどく》して、おぼえましょう。また、詩《し》を書《か》きましょう。

名前

けさ　空《そら》はまっさお
木々《きぎ》の葉《は》の一枚《いちまい》一枚《いちまい》が
あたらしい光《ひかり》と
あいさつを
かわしている
だがキミ！　夏休《なつやす》みよ
もう一度《いちど》
もどってこないかな
忘《わす》れものをとりにさ

★書《か》き終《お》わったら、もう一度《いちど》、音読《おんどく》しましょう。

（令和二年度版　光村図書　国語　四上　かがやき　高田　敏子）

忘《わす》れもの　④

名前

詩《し》を暗《あん》しょうしましょう。おぼえたら書《か》きましょう。

け　空《そら》

木《き》　ぎ　は　一《いち》枚《まい》　いち　枚《まい》

あ　光《ひかり》

あ

か

だ　夏《なつ》　やす

も　いちど

も　こ

忘《わす》　と

★書《か》き終《お》わったら、もう一度《いちど》、音読《おんどく》しましょう。

（令和二年度版　光村図書　国語　四上　かがやき　高田　敏子）

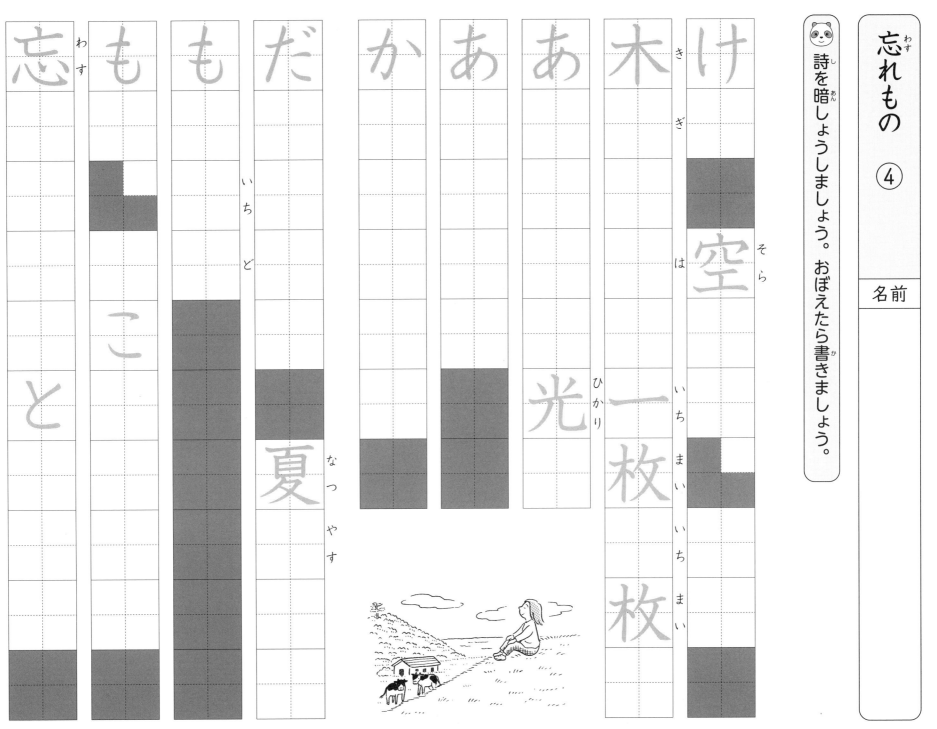

忘《わす》れもの ⑤

詩《し》を音読《おんどく》して、おぼえましょう。また、詩《し》を書《か》きましょう。

名前

迷子《まいご》のセミ
さびしそうな
麦《むぎ》わら帽子《ぼうし》
それから　ぼくの耳《みみ》に
くっついて離《はな》れない
波《なみ》の音《おと》

★書《か》き終《お》わったら、もう一度《いちど》、音読《おんどく》しましょう。

（令和二年度版　光村図書　国語　四上　かがやき　高田　敏子）

忘《わす》れもの ⑥

名前

詩《し》を暗《あん》しょうしましょう。おぼえたら書《か》きましょう。

迷《まい》　ご　セ

さ

麦《むぎ》　帽《ぼう》　し

そ　ぼ　耳《みみ》

く　離《はな》

波《なみ》　おと

★書《か》き終《お》わったら、もう一度《いちど》、音読《おんどく》しましょう。

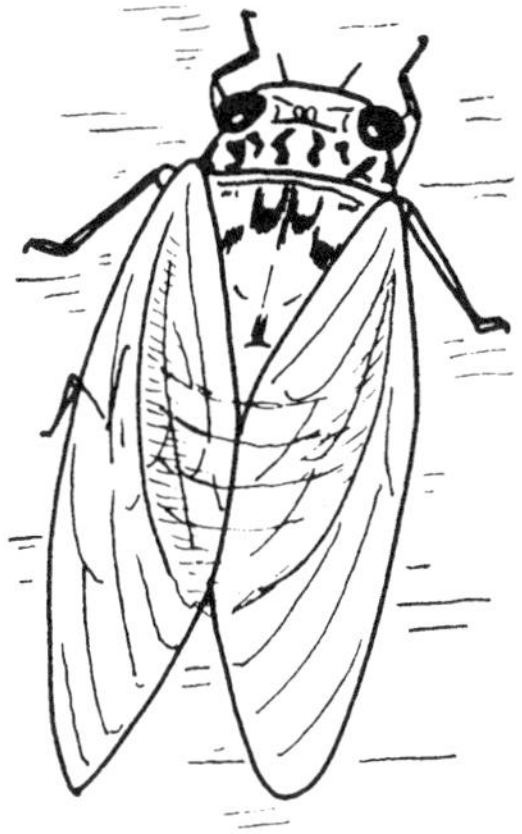

（令和二年度版　光村図書　国語　四上　かがやき　高田　敏子）

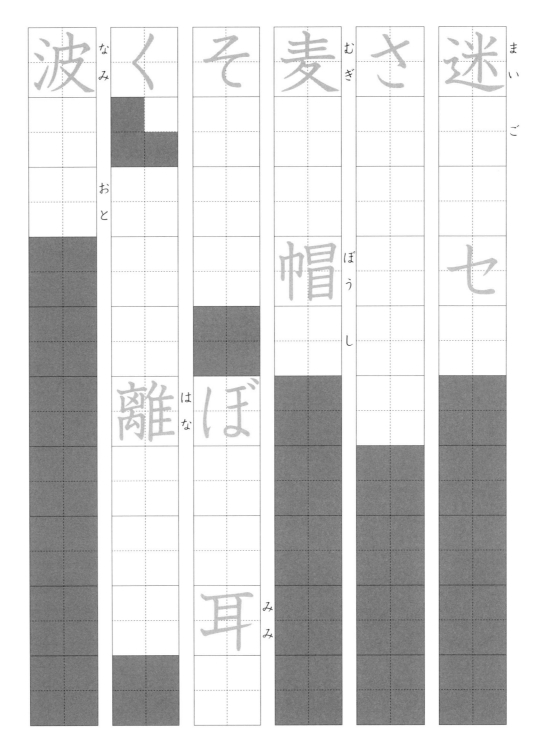

短歌《たんか》・俳句《はいく》に親《した》しもう（一）　1

名前

短歌《たんか》を音読《おんどく》してから、書《か》き写《うつ》しましょう。

石走る
石走《いわばし》る
垂水の上の
垂水《たるみ》の上《うえ》の
さわらびの
さわらびの
萌え出づる春に
萌《も》え出《い》づる春《はる》に
なりにけるかも
なりにけるかも

志貴《しき》皇子《のみこ》

（令和二年度版　光村図書　国語　四上　かがやき「短歌・俳句に親しもう（一）」による）

★書《か》き終《お》わったら、もう一度《いちど》、音読《おんどく》しましょう。

短歌《たんか》・俳句《はいく》に親《した》しもう㈠　②

名前

短歌《たんか》を音読《おんどく》してから、書《か》き写《うつ》しましょう。

石走《いわばし》る
垂水《たるみ》の上《うえ》の
さわらびの
萌《も》え出《い》づる春《はる》に
なりにけるかも

志貴《しきの》 皇子《みこ》

★書《か》き終《お》わったら、もう一度《いちど》、音読《おんどく》しましょう。

（令和二年度版　光村図書　国語　四上　かがやき「短歌・俳句に親しもう（一）」による）

短歌《たんか》・俳句《はいく》に親《した》しもう㈠　③

名前

短歌《たんか》を音読《おんどく》してから、書《か》き写《うつ》しましょう。

君がため
君《きみ》がため
春の野に出でて
春《はる》の野《の》に出《い》でて
若菜摘む
若菜《わかな》摘《つ》む
我が衣手に
我《わ》が衣手《ころもで》に
雪は降りつつ
雪《ゆき》は降《ふ》りつつ

光孝天皇《こうこうてんのう》

★書《か》き終《お》わったら、もう一度《いちど》、音読《おんどく》しましょう。

（令和二年度版　光村図書　国語　四上　かがやき「短歌・俳句に親しもう（一）」による）

短歌《たんか》・俳句《はいく》に親《した》しもう㈠ ④

名前

短歌《たんか》を音読《おんどく》してから、書《か》き写《うつ》しましょう。

君《きみ》がため
春《はる》の野《の》に出《い》でて
若菜《わかな》摘《つ》む
我《わ》が衣手《ころもで》に
雪《ゆき》は降《ふ》りつつ

光孝天皇《こうこうてんのう》

★書《か》き終《お》わったら、もう一度《いちど》、音読《おんどく》しましょう。

（令和二年度版　光村図書　国語　四上　かがやき「短歌・俳句に親しもう（一）」による）

短歌《たんか》・俳句《はいく》に親《した》しもう（一）　⑤

名前

短歌《たんか》を音読《おんどく》して、おぼえましょう。また、短歌《たんか》を書《か》きましょう。

石走《いわばし》る
垂水《たるみ》の上《うえ》の
さわらびの
萌《も》え出《い》づる春《はる》に
なりにけるかも

志貴皇子《しきのみこ》

君《きみ》がため
春《はる》の野《の》に出《い》でて
若菜《わかな》摘《つ》む
我《わ》が衣手《ころもで》に
雪《ゆき》は降《ふ》りつつ

光孝天皇《こうこうてんのう》

★書《か》き終《お》わったら、もう一度《いちど》、音読《おんどく》しましょう。

（令和二年度版　光村図書　国語　四上　かがやき「短歌・俳句に親しもう（一）」による）

短歌《たんか》・俳句《はいく》に親《した》しもう㈠　⑥

名前

短歌《たんか》を暗《あん》しょうしましょう。おぼえたら書《か》きましょう。

石《いわばし》
垂水《たるみ》上《うえ》
さ
萌《も》出《い》春《はる》
なけ

志貴皇子《しきのみこ》

君《きみ》
春《はる》野《の》出《い》
若《わかな》摘《つ》
我《わ》衣手《ころもで》
雪《ゆき》降《ふ》

光孝天皇《こうこうてんのう》

★書《か》き終《お》わったら、もう一度《いちど》、音読《おんどく》しましょう。

(令和二年度版　光村図書　国語　四上　かがやき「短歌・俳句に親しもう（一）」による)

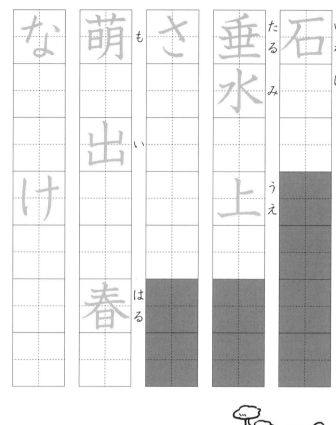

短歌《たんか》・俳句《はいく》に親《した》しもう㈠　⑦

名前

短歌《たんか》を音読《おんどく》してから、書《か》き写《うつ》しましょう。

春すぎて

春《はる》すぎて

夏来たるらし

夏来《なつき》たるらし

白たえの

白《しろ》たえの

衣ほしたり

衣《ころも》ほしたり

天の香具山

天《あめ》の香具山《かぐやま》

持統天皇《じとうてんのう》

★書《か》き終《お》わったら、もう一度《いちど》、音読《おんどく》しましょう。

（令和二年度版　教育出版　ひろがる言葉　小学国語　四上「短歌の世界」による）

短歌《たんか》・俳句《はいく》に親《した》しもう(一) ⑧

名前

短歌《たんか》を音読《おんどく》してから、書《か》き写《うつ》しましょう。

春《はる》すぎて
夏来《なつき》たるらし
白《しろ》たえの
衣《ころも》ほしたり
天《あめ》の香具山《かぐやま》

持統天皇《じとうてんのう》

★書《か》き終《お》わったら、もう一度《いちど》、音読《おんどく》しましょう。

(令和二年度版　教育出版　ひろがる言葉　小学国語　四上「短歌の世界」による)

短歌《たんか》・俳句《はいく》に親《した》しもう㈡ ⑨

名前

短歌《たんか》を音読《おんどく》してから、書《か》き写《うつ》しましょう。

秋来ぬと
秋《あき》来《き》ぬと
目にはさやかに
目《め》にはさやかに
見えねども
見《み》えねども
風の音にぞ
風《かぜ》の音《おと》にぞ
おどろかれぬる
おどろかれぬる

藤原《ふじわらの》　敏行《としゆき》

★書《か》き終《お》わったら、もう一度《いちど》、音読《おんどく》しましょう。

（令和二年度版　教育出版　ひろがる言葉　小学国語　四上「短歌の世界」による）

短歌《たんか》・俳句《はいく》に親《した》しもう(二)

⑩

名前

短歌《たんか》を音読《おんどく》してから、書《か》き写《うつ》しましょう。

秋《あき》来《き》ぬと
目《め》にはさやかに
見《み》えねども
風《かぜ》の音《おと》にぞ
おどろかれぬる

藤原《ふじわらの》 敏行《としゆき》

(令和二年度版 教育出版 ひろがる言葉 小学国語 四上「短歌の世界」による)

★書《か》き終《お》わったら、もう一度《いちど》、音読《おんどく》しましょう。

短歌《たんか》・俳句《はいく》に親《した》しもう㈠

⑪

名前

短歌《たんか》を音読《おんどく》して、おぼえましょう。また、短歌《たんか》を書《か》きましょう。

春《はる》すぎて
夏来《なつき》たるらし
白《しろ》たえの
衣《ころも》ほしたり
天《あめ》の香具山《かぐやま》

持統天皇《じとうてんのう》

秋来《あきき》ぬと
目《め》にはさやかに
見《み》えねども
風《かぜ》の音《おと》にぞ
おどろかれぬる

藤原《ふじわらの》 敏行《としゆき》

（令和二年度版　教育出版　ひろがる言葉　小学国語　四上「短歌の世界」による）

★書《か》き終《お》わったら、もう一度《いちど》、音読《おんどく》しましょう。

短歌《たんか》・俳句《はいく》に親《した》しもう㈠ ⑫

名前

短歌《たんか》を暗《あん》しょうしましょう。おぼえたら書《か》きましょう。

春《はる》す
夏《なつ》来《き》
白《しろ》
衣《ころも》ほ
天《あめ》香具《かぐ》山《やま》

持統天皇《じとうてんのう》

秋《あき》来《き》
目《め》さ
見《み》
風《かぜ》音《おと》
おぬ

藤原《ふじわらの》　敏行《としゆき》

★書《か》き終《お》わったら、もう一度《いちど》、音読《おんどく》しましょう。

（令和二年度版　教育出版　ひろがる言葉　小学国語　四上「短歌の世界」による）

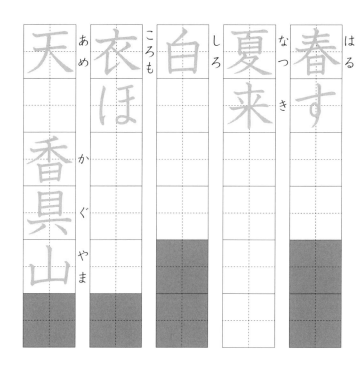

短歌《たんか》・俳句《はいく》に親《した》しもう(一) ⑬

名前

短歌《たんか》を音読《おんどく》してから、書《か》き写《うつ》しましょう。

かすみたつ
かすみたつ
長き春日に
長《なが》き春日《はるひ》に
子どもらと
子《こ》どもらと
手まりつきつつ
手《て》まりつきつつ
この日くらしつ
この日《ひ》くらしつ

良寛《りょうかん》

★書《か》き終《お》わったら、もう一度《いちど》、音読《おんどく》しましょう。

（令和二年度版　教育出版　ひろがる言葉　小学国語　四上「短歌の世界」による）

短歌《たんか》・俳句《はいく》に親《した》しもう㈠ ⑭

名前

短歌《たんか》を音読《おんどく》してから、書《か》き写《うつ》しましょう。

かすみたつ
長《なが》き春日《はるひ》に
子《こ》どもらと
手《て》まりつきつつ
この日《ひ》くらしつ

良寛《りょうかん》

★書《か》き終《お》わったら、もう一度《いちど》、音読《おんどく》しましょう。

（令和二年度版　教育出版　ひろがる言葉　小学国語　四上「短歌の世界」による）

短歌《たんか》・俳句《はいく》に親《した》しもう（一）

⑮

名前

短歌《たんか》を音読《おんどく》してから、書《か》き写《うつ》しましょう。

金色の
金色《こんじき》の
ちいさき鳥の
ちいさき鳥《とり》の
かたちして
かたちして
いちょうちるなり
いちょうちるなり
夕日のおかに
夕日《ゆうひ》のおかに

与謝野《よさの》　晶子《あきこ》

★書《か》き終《お》わったら、もう一度《いちど》、音読《おんどく》しましょう。

（令和二年度版　教育出版　ひろがる言葉　小学国語　四上「短歌の世界」による）

短歌《たんか》・俳句《はいく》に親《した》しもう（一）

⑯

名前

短歌《たんか》を音読《おんどく》してから、書《か》き写《うつ》しましょう。

金色《こんじき》の
ちいさき鳥《とり》の
かたちして
いちょうちるなり
夕日《ゆうひ》のおかに

与謝野《よさの》　晶子《あきこ》

★書《か》き終《お》わったら、もう一度《いちど》、音読《おんどく》しましょう。

（令和二年度版　教育出版　ひろがる言葉　小学国語　四上「短歌の世界」による）

短歌《たんか》・俳句《はいく》に親《した》しもう㈠ ⑰

名前

短歌《たんか》を音読《おんどく》して、おぼえましょう。また、短歌《たんか》を書《か》きましょう。

かすみたつ
長《なが》き春日《はるひ》に
子《こ》どもらと
手《て》まりつきつつ
この日《ひ》くらしつ

良寛《りょうかん》

金色《こんじき》の
ちいさき鳥《とり》の
かたちして
いちょうちるなり
夕日《ゆうひ》のおかに

与謝野《よさの》 晶子《あきこ》

★書《か》き終《お》わったら、もう一度《いちど》、音読《おんどく》しましょう。

（令和二年度版 教育出版 ひろがる言葉 小学国語 四上「短歌の世界」による）

短歌《たんか》・俳句《はいく》に親《した》しもう㈠　⑱

名前

短歌《たんか》を暗《あん》しょうしましょう。おぼえたら書《か》きましょう。

か
長《なが》　春日《はるひ》
子《こ》
手《て》　つ
こ　ひ　く

良寛《りょうかん》

金《こんじき》
ち　鳥《とり》
か
い　ち
夕《ゆうひ》　お

与謝野《よさの》　晶子《あきこ》

★書《か》き終《お》わったら、もう一度《いちど》、音読《おんどく》しましょう。

（令和二年度版　教育出版　ひろがる言葉　小学国語　四上「短歌の世界」による）

短歌《たんか》・俳句《はいく》に親《した》しもう㈠ ⑲

名前

俳句《はいく》を音読《おんどく》してから、書《か》き写《うつ》しましょう。

名月や
名月《めいげつ》や
池をめぐりて
池《いけ》をめぐりて
夜もすがら
夜《よ》もすがら

松尾《まつお》　芭蕉《ばしょう》

夏河を
夏河《なつかわ》を
越すうれしさよ
越《こ》すうれしさよ
手に草履
手《て》に草履《ぞうり》

与謝《よさ》　蕪村《ぶそん》

★書《か》き終《お》わったら、もう一度《いちど》、音読《おんどく》しましょう。

（令和二年度版　光村図書　国語　四上　かがやき「短歌・俳句に親しもう（一）」による）

短歌《たんか》・俳句《はいく》に親《した》しもう(一)

⑳

名前

俳句《はいく》を音読《おんどく》してから、書《か》き写《うつ》しましょう。

名月《めいげつ》や
池《いけ》をめぐりて
夜《よ》もすがら

松尾《まつお》　芭蕉《ばしょう》

夏河《なつかわ》を
越《こ》すうれしさよ
手《て》に草履《ぞうり》

与謝《よさ》　蕪村《ぶそん》

★書《か》き終《お》わったら、もう一度《いちど》、音読《おんどく》しましょう。

(令和二年度版　光村図書　国語　四上　かがやき「短歌・俳句に親しもう(一)」による)

短歌《たんか》・俳句《はいく》に親《した》しもう㈠　㉑

名前

俳句《はいく》を音読《おんどく》して、おぼえましょう。また、俳句《はいく》を書《か》きましょう。

名月《めいげつ》や池《いけ》をめぐりて夜《よ》もすがら

松尾《まつお》　芭蕉《ばしょう》

夏河《なつかわ》を越《こ》すうれしさよ手《て》に草履《ぞうり》

与謝《よさ》　蕪村《ぶそん》

雀《すずめ》の子《こ》そこのけそこのけ御馬《おうま》が通《とお》る

小林《こばやし》　一茶《いっさ》

★書《か》き終《お》わったら、もう一度《いちど》、音読《おんどく》しましょう。

（令和二年度版　光村図書　国語　四上　かがやき「短歌・俳句に親しもう（一）」による）

短歌《たんか》・俳句《はいく》に親《した》しもう（一）　㉒

名前

俳句《はいく》を暗《あん》しょうしましょう。おぼえたら書《か》きましょう。

名《めい》　げつ
池《いけ》　め
夜《よ》　す

松尾《まつお》芭蕉《ばしょう》

夏《なつ》河《かわ》
越《こ》　う
手《て》　草履《ぞうり》

与謝《よさ》蕪村《ぶそん》

雀《すずめ》　こ
そ　そ
御《お》　うま　通《とお》

小林《こばやし》一茶《いっさ》

★書《か》き終《お》わったら、もう一度《いちど》、音読《おんどく》しましょう。

（令和二年度版　光村図書　国語　四上　かがやき「短歌・俳句に親しもう（一）」による）

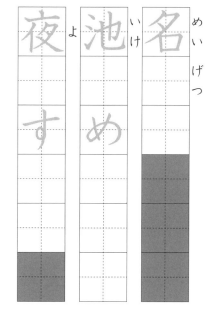

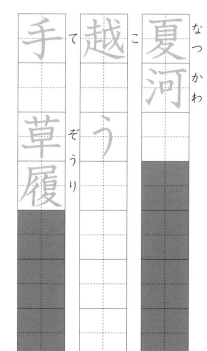

春《はる》の楽《たの》しみ—三月《さんがつ》の行事《ぎょうじ》

名前

文《ぶん》を音読《おんどく》してから、書《か》き写《うつ》しましょう。

ひな人形《にんぎょう》

ぼんぼり

ももの花《はな》

ひしもち

三月三日《さんがつみっか》はひな祭《まつ》りです。

ひな人形《にんぎょう》をかざります。

ぼんぼりにひをつけます。

★書《か》き終《お》わったら、もう一度《いちど》、音読《おんどく》しましょう。

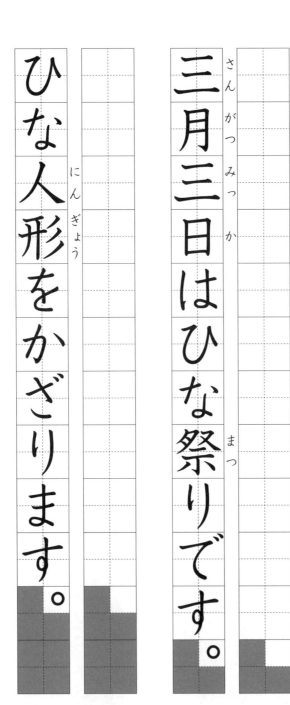

春《はる》の楽《たの》しみ―四月《しがつ》の行事《ぎょうじ》

名前

文《ぶん》を音読《おんどく》してから、書《か》き写《うつ》しましょう。

川一面《かわいちめん》にうかぶ花《はな》いかだ。

花見《はなみ》だんごを食《た》べる。

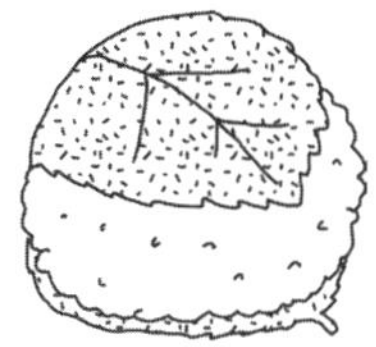

おいしいさくらもち。

お花見《はなみ》

花《はな》ざかり

花《はな》いかだ

さくら

★書《か》き終《お》わったら、もう一度《いちど》、音読《おんどく》しましょう。

春《はる》の楽《たの》しみ―五月《ごがつ》の行事《ぎょうじ》

名前

文《ぶん》を音読《おんどく》してから、書《か》き写《うつ》しましょう。

茶畑《ちゃばたけ》で新茶《しんちゃ》をつみます。

かしわもちを食《た》べる。

こいのぼりがおよぐ。

茶《ちゃ》つみ

茶畑《ちゃばたけ》

ちまき

こどもの日《ひ》

しょうぶ

★書《か》き終《お》わったら、もう一度《いちど》、音読《おんどく》しましょう。

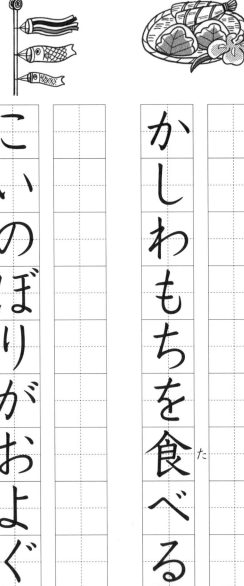

夏《なつ》の楽《たの》しみ―六月《ろくがつ》の行事《ぎょうじ》

名前

文《ぶん》や俳句《はいく》を音読《おんどく》してから、書《か》き写《うつ》しましょう。

ものなくて軽《かろ》き袂《たもと》や衣更《ころもがえ》

高浜《たかはま》 虚子《きょし》

六月《ろくがつ》なので、夏服《なつふく》にころもがえをした。

きのうの夜《よる》、家族《かぞく》そろってほたるがりに行《い》った。

昼《ひる》の時間《じかん》が一番《いちばん》長《なが》い夏至《げし》。

★書《か》き終《お》わったら、もう一度《いちど》、音読《おんどく》しましょう。

（令和二年度版　光村図書　国語　四上　かがやき「季節の言葉2　夏の楽しみ」による）

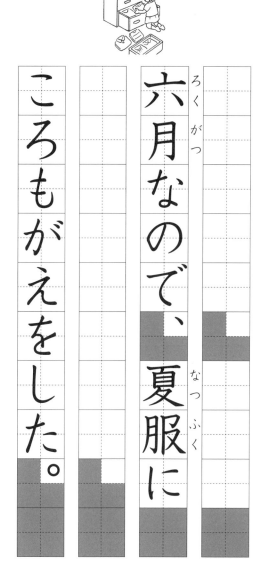

夏《なつ》の楽《たの》しみ―七月《しちがつ》の行事《ぎょうじ》

名前

文《ぶん》や短歌《たんか》を音読《おんどく》してから、書《か》き写《うつ》しましょう。

七夕《たなばた》の日暮《ひく》れて竹《たけ》に風早《かぜはや》し

暮

色紙《いろがみ》のいろ流《なが》るるが見《み》ゆ

宮《みや》柊二《しゅうじ》

ささに、くす玉《だま》やふきながしをかざる。

夜《よる》には、天《あま》の川《がわ》をはさんで

おりひめとひこ星《ぼし》が見《み》える。

★書《か》き終《お》わったら、もう一度《いちど》、音読《おんどく》しましょう。

（令和二年度版　光村図書　国語　四上　かがやき　「季節の言葉2　夏の楽しみ」による）

夏《なつ》の楽《たの》しみ―八月《はちがつ》の行事《ぎょうじ》

名前

文《ぶん》を音読《おんどく》してから、書《か》き写《うつ》しましょう。

たいこたたいて音頭《おんど》とる。

ゆかたすがたでおどります。

ちょうちんのあかり。

ぼんおどり

ゆかた

やぐら

じんべえ

★書《か》き終《お》わったら、もう一度《いちど》、音読《おんどく》しましょう。

修飾語《しゅうしょくご》を使《つか》った文作《ぶんづく》り　①-(1)

名前

●〈例《れい》〉のように、あてはまる修飾語《しゅうしょくご》を□から選《えら》んで、文《ぶん》を完成《かんせい》させましょう。

〈例《れい》〉 わたしは、急《いそ》いで歩《ある》く。

急《いそ》いで　くっきりと

(1)
① にじが、見《み》える。

② 川《かわ》が、流《なが》れる。

ゆるやかに　はっきりと

(2)
① 風《かぜ》が、ふく。

② 星《ほし》が、かがやく。

きらきらと　そよそよと

修飾語《しゅうしょくご》を使《つか》った文作《ぶんづく》り ①-(2)

名前

あてはまる修飾語《しゅうしょくご》を□から選《えら》んで、文《ぶん》を完成《かんせい》させましょう。

(1)

① わたしは、　　焼《や》く。

② 姉《あね》が、　　ひく。

ピアノを　クッキーを

(2)

① 花《はな》がさく。

② 光《ひかり》が差《さ》しこむ。

白《しろ》い　まぶしい

修飾語《しゅうしょくご》を使《つか》った文作《ぶんづく》り ①-(3)

名前

● あてはまる修飾語《しゅうしょくご》を□から選《えら》んで、文《ぶん》を完成《かんせい》させましょう。

(1)

① 思《おも》い出《で》は、

花火大会《はなびたいかい》だ。

② 人《ひと》が、ぼくの姉《あね》だ。

左《ひだり》の　今年《ことし》の夏《なつ》の

(2)

① 弟《おとうと》が、

出《で》てくる。

② 兄《あに》は、

カレーライスを食《た》べる。

本屋《ほんや》から　朝《あさ》から

修飾語《しゅうしょくご》を使《つか》った文作《ぶんづく》り ②

名前

〈例《れい》〉のように、次《つぎ》の言葉《ことば》を使《つか》って文《ぶん》を作《つく》りましょう。
また――線《せん》の修飾語《しゅうしょくご》に気《き》をつけましょう。

〈例《れい》〉 わたし・ゆっくりと・歩《ある》く

わたしは、ゆっくりと歩く。

① さくら・きれいに・さく

② 犬《いぬ》・ワンワン・ほえる

③ 妹《いもうと》・おやつ・食《た》べる

④ 冷《つめ》たい・風《かぜ》・ふく

修飾語《しゅうしょくご》を使《つか》った文作《ぶんづく》り ③

名前

● 〈例《れい》〉のように、次《つぎ》の修飾語《しゅうしょくご》を使《つか》って自由《じゆう》に文《ぶん》を作《つく》りましょう。

〈例《れい》〉 ていねいに

わたしは、ていねいに字《じ》を書《か》く。

① とても

② きれいな

③ さらさらと

④ 海《うみ》で

つなぎ言葉《ことば》を使《つか》った文作《ぶんづく》り ①-(1)

名前

● 〈例《れい》〉のように、あてはまるつなぎ言葉《ことば》を□から選《えら》んで、文《ぶん》を完成《かんせい》させましょう。

〈例《れい》〉 外《そと》は大雨《おおあめ》だ。
、かさを持《も》って行《い》く。

だから　しかし

(1)

① 妹《いもうと》は、あまいものが大好《だいす》きだ。
、ケーキを食《た》べなかった。

② 兄《あに》は、ピアノがとく意《い》だ。
、バイオリンもひける。

そのうえ　けれども

(2)

① 勉強《べんきょう》をしますか。
、もうねますか。

② 宿題《しゅくだい》をわすれた。
、先生《せんせい》にしかられた。

それで　それとも

つなぎ言葉《ことば》を使《つか》った文作《ぶんづく》り ①-(2)

名前

● 次《つぎ》の文《ぶん》を□から選《えら》んだつなぎ言葉《ことば》を使《つか》って、二文《にぶん》に書《か》き直《なお》しましょう。

(1)

① 夜《よ》ふかししたので、ねぼうした。

↓

夜ふかしした。

、ねぼうした。

② 先生《せんせい》はいつもはやさしいが、おこるとこわい。

↓

先生は、いつもはやさしい。

、おこるとこわい。

しかし　だから

(2)

① 雨《あめ》がふっているけれど、かさを持《も》っていない。

↓

雨がふっている。

、かさを持っていない。

② 学校《がっこう》には、プールがあるし、中庭《なかにわ》もある。

↓

学校には、プールがある。

、中庭もある。

けれども　それに

つなぎ言葉《ことば》を使《つか》った文作《ぶんづく》り ②

名前

● 〈例《れい》〉のように、次《つぎ》の文《ぶん》を［　］のつなぎ言葉《ことば》を使《つか》って、二文《にぶん》に書《か》き直《なお》しましょう。

〈例《れい》〉

［それで］

雪《ゆき》がふったので、雪《ゆき》だるまを作《つく》った。

雪がふった。

それで、雪だるまを作った。

① ［だから］

毎日《まいにち》、勉強《べんきょう》をがんばったので、テストで満点《まんてん》をとった。

② ［しかし］

今日《きょう》は七夕《たなばた》だが、星《ほし》が見《み》えない。

つなぎ言葉《ことば》を使《つか》った文作《ぶんづく》り ③-(1)

名前

● 〈例《れい》〉のように、次《つぎ》のつなぎ言葉《ことば》につづく文《ぶん》を□から選《えら》んで、文《ぶん》を完成《かんせい》させましょう。

〈例《れい》〉

毎日《まいにち》、朝顔《あさがお》の水《みず》やりをした。

だから、花がさいた。

花《はな》がさいた。
花《はな》がさかなかった。

①

ぼくは、家族《かぞく》に話《はな》しかけた。

しかし、

みんな返事《へんじ》をした。
だれも返事《へんじ》をしなかった。

②

夏《なつ》が好《す》きだ。

なぜなら、

冬《ふゆ》も好《す》きだからだ。
夏休《なつやす》みがあるからだ。

つなぎ言葉《ことば》を使《つか》った文作《ぶんづく》り　③-(2)

名前

● 〈例《れい》〉のように、次《つぎ》のつなぎ言葉《ことば》につづく文《ぶん》を［　］から選《えら》んで、文《ぶん》を完成《かんせい》させましょう。

〈例《れい》〉 ゆめをかなえたいなら、努力《どりょく》すべきだ。

そして、［自分を信じることだ。］

① 毎日《まいにち》、マラソンの練習《れんしゅう》をした。

だが、［　　　　　　］

② 明日《あす》は、早起《はやお》きして山《やま》に登《のぼ》る。

だから、［　　　　　　］

③ サッカーは世界中《せかいじゅう》の人《ひと》に愛《あい》されている。

つまり、［　　　　　　］

世界的《せかいてき》なスポーツだ。　いつもより早《はや》くねる。
自分《じぶん》を信《しん》じることだ。　一位《いちい》にはなれなかった。

つなぎ言葉《ことば》を使《つか》った文作《ぶんづく》り ③-(3)

名前

● 〔例《れい》〕のように、次《つぎ》のつなぎ言葉《ことば》につづく文《ぶん》を□から選《えら》んで、文《ぶん》を完成《かんせい》させましょう。

〔例《れい》〕

わたしは、勉強《べんきょう》が苦手《にがて》だ。

でも、毎日がんばって勉強する。

なぜなら、役に立つからだ。

役《やく》に立《た》つからだ。
毎日《まいにち》がんばって勉強《べんきょう》する。

①

たん生日《じょうび》プレゼントをもらった。

しかも、

だから、

手紙《てがみ》がついていた。
本当《ほんとう》にうれしかった。

②

わたしが住《す》むマンションは、

ペットがかえない。

それでも、

そのため、

引《ひ》っこすつもりだ。
犬《いぬ》がかいたい。

つなぎ言葉《ことば》を使《つか》った文作《ぶんづく》り ③-(4)

名前

● 次《つぎ》のつなぎ言葉《ことば》につづく文《ぶん》を□から選《えら》んで、文《ぶん》を完成《かんせい》させましょう。

① サルは、人間《にんげん》とにている部分《ぶぶん》が多《おお》い。

たとえば、

よって、

② 彼女《かのじょ》は、とても頭《あたま》がいい。

しかも、

だから、

スポーツもとく意《い》だ。
共通《きょうつう》のそ先《せん》をもつと考《かんが》えられる。
道具《どうぐ》を使《つか》う。
みんなのあこがれの的《まと》だ。

ことわざを使《つか》った文作《ぶんづく》り ①-(1)

名前

● 次《つぎ》のことわざの意味《いみ》にあてはまるものを下《した》から選《えら》び、――線《せん》で結《むす》びましょう。

(1)

① さるも木《き》から落《お》ちる ・　・ 何《なに》を言《い》っても聞《き》く耳《みみ》をもたないこと。

② 泣《な》きっ面《つら》にはち ・　・ その道《みち》にすぐれた者《もの》でも、時《とき》には失敗《しっぱい》すること。

③ 馬《うみ》の耳《みみ》にねんぶつ ・　・ 不運《ふうん》や不幸《ふこう》が重《かさ》なること。

(2)

① たなからぼたもち ・　・ 自分《じぶん》の行《おこな》いによって苦《くる》しむこと。

② 身《み》から出《で》たさび ・　・ 笑《わら》っている人《ひと》には幸《しあわ》せがおとずれること。

③ わらう門《かど》には福来《ふくき》たる ・　・ 苦労《くろう》せずに思《おも》いがけず幸運《こううん》に出会《であ》うこと。

ことわざを使《つか》った文作《ぶんづく》り ①-(2)

名前

● 次《つぎ》のことわざの意味《いみ》にあてはまるものを下《した》から選《えら》び、——線《せん》で結《むす》びましょう。

(1)

① 石《いし》の上《うえ》にも三年《さんねん》　・　　・　しんぼうしていれば、やがて成功《せいこう》すること。

② 急《いそ》がば回《まわ》れ　・　　・　後《こう》かいしても手《て》おくれなこと。

③ 後《あと》の祭《まつ》り　・　　・　急《いそ》ぐときは、きけんな近道《ちかみち》よりも、遠《とお》くても安全《あんぜん》な道《みち》を選《えら》ぶ方《ほう》がよいこと。

(2)

① えんの下《した》の力持《ちからも》ち　・　　・　良《よ》いことはすぐに実行《じっこう》すべきであること。

② 一石二鳥《いっせきにちょう》　・　　・　人《ひと》のために、かげで努力《どりょく》や苦労《くろう》をすること（人《ひと》）。

③ ぜんは急《いそ》げ　・　　・　一《ひと》つのことをして、二《ふた》つの利《り》えきをえること。

ことわざを使《つか》った文作《ぶんづく》り ②

名前

● 〔例《れい》〕のように、——線《せん》のことわざを使《つか》って文《ぶん》を作《つく》りましょう。また、下《した》の□の言葉《ことば》を使《つか》って、文《ぶん》をつなぎましょう。

〔例《れい》〕テストの前日《ぜんじつ》・勉強《べんきょう》した・後《あと》の祭《まつ》りだった

テストの前日になって勉強したが、後の祭りだった。

になって　が

① 彼女《かのじょ》・このクラス・えんの下《した》の力持《ちからも》ちです

の　は

② 弟《おとうと》・注意《ちゅうい》した・馬《うま》の耳《みみ》にねんぶつだ

が　に

③ たこ焼《や》きを買《か》う・安《やす》く・おいしい・一石二鳥《いっせきにちょう》だ

ので　と　て

ことわざを使《つか》った文作《ぶんづく》り ③

名前

● 次《つぎ》の文《ぶん》に合《あ》うことわざを□から選《えら》び、文《ぶん》を完成《かんせい》させましょう。

①
ちこくした上《うえ》にわすれ物《もの》をするとは、
だ。

②
というから、
毎日《まいにち》笑顔《えがお》ですごそう。

③
宝《たから》くじが当《あ》たった。まさに、
だ。

〈ことわざ〉
わらう門《かど》には福来《ふくき》たる
たなからぼたもち
泣《な》きっ面《つら》にはち

故事成語《こじせいご》を使《つか》った文作《ぶんづく》り ①-(1)

名前

● 次《つぎ》の故事成語《こじせいご》の意味《いみ》にあてはまるものを下《した》から選《えら》び、——線《せん》で結《むす》びましょう。

(1)

① 矛盾《むじゅん》 ・　・ 周《まわ》りがてきばかりであること。

② 五十歩百歩《ごじゅっぽひゃっぽ》 ・　・ たいして差《さ》がないこと。

③ 四面楚歌《しめんそか》 ・　・ つじつまが合《あ》っていないこと。

(2)

① 漁夫《ぎょふ》の利《り》 ・　・ 他人《たにん》の失敗《しっぱい》を教訓《きょうくん》にすること。

② 推敲《すいこう》 ・　・ 両者《りょうしゃ》の争《あらそ》いにつけこんで、第三者《だいさんしゃ》がとくをすること。

③ 他山《たざん》の石《いし》 ・　・ 文章《ぶんしょう》を何度《なんど》も読《よ》んで、ねり直《なお》すこと。

故事成語《こじせいご》を使《つか》った文作《ぶんづく》り ①-(2)

名前

● 次《つぎ》の故事成語《こじせいご》の意味《いみ》にあてはまるものを下《した》から選《えら》び、——線《せん》で結《むす》びましょう。

(1)

① 杞憂《きゆう》 ・ ・ おさないころからの親《した》しい友人《ゆうじん》。

② 竹馬《ちくば》の友《とも》 ・ ・ 最後《さいご》までやりとげ、りっぱな結果《けっか》を残《のこ》すこと。

③ 有終《ゆうしゅう》の美《び》をかざる ・ ・ いらない心配《しんぱい》をむやみにすること。

(2)

① 蛍雪《けいせつ》の功《こう》 ・ ・ あっても役《やく》に立《た》たない、よけいなもの。

② 蛇足《だそく》 ・ ・ 苦労《くろう》して学問《がくもん》にはげむこと。

③ 温故知新《おんこちしん》 ・ ・ 昔《むかし》のことを調《しら》べ、そこから新《あたら》しい知《ち》しきをえること。

故事成語《こじせいご》を使《つか》った文作《ぶんづく》り　②

名前

● 〔例《れい》〕のように、——線《せん》の故事成語《こじせいご》を使《つか》って文《ぶん》を作《つく》りましょう。
また、下《した》の□の言葉《ことば》を使《つか》って、文《ぶん》をつなぎましょう。

〔例《れい》〕 二人《ふたり》・泳《およ》ぐ速《はや》さ・五十歩百歩《ごじゅっぽひゃっぽ》だ

二人の泳ぐ速さは、五十歩百歩だ。

の　は

① ぼくたち・竹馬《ちくば》の友《とも》です

は

② 姉《あね》・最後《さいご》の大会《たいかい》・有終《ゆうしゅう》の美《び》をかざる

で　は

③ わたし・蛍雪《けいせつ》の功《こう》・積《つ》むこと・高校《こうこう》・合格《ごうかく》した

は　で　に　を

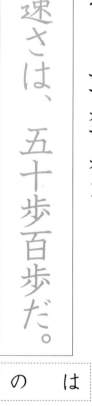

故《こ》事《じ》成《せい》語《ご》を使《つか》った文《ぶん》作《づく》り　③

名前

● 次《つぎ》の文《ぶん》に合《あ》う故《こ》事《じ》成《せい》語《ご》を□から選《えら》び、文《ぶん》を完《かん》成《せい》させましょう。

① 試合《しあい》で勝《か》ちたいのに練習《れんしゅう》しないのは、

している。

② 友《とも》だちの失敗《しっぱい》を　　　　として、

ぼくも気《き》をつけよう。

③ わたしは地《じ》しんが来《く》る心配《しんぱい》をして

いたが、　　　　だったようだ。

〈故《こ》事《じ》成《せい》語《ご》〉

杞憂《きゆう》　矛盾《むじゅん》　他山《たざん》の石《いし》

いろいろな意味《いみ》をもつ言葉《ことば》を使《つか》った文作《ぶんづく》り ①

名前

● 〈例《れい》〉のように、ひく という言葉《ことば》を使《つか》って、意味《いみ》のことなる三《みっ》つの文《ぶん》を作《つく》りましょう。

〈例《れい》〉 とる

わたし・朝食《ちょうしょく》

わたしは、朝食をとる。

テスト・満点《まんてん》

テストで満点をとる。

山《やま》・虫《むし》

山で虫をとる。

ひく

姉《あね》・ギター

運動会《うんどうかい》・つな

妹《いもうと》・かぜ

いろいろな意味《いみ》をもつ言葉《ことば》を使《つか》った文作《ぶんづく》り②

名前

● 〈例《れい》〉のように、——線《せん》の言葉《ことば》が次《つぎ》の文《ぶん》と同《おな》じ意味《いみ》で使《つか》われているものを□から一《ひと》つ選《えら》び、文《ぶん》を書《か》きましょう。

〈例《れい》〉 生徒会長《せいとかいちょう》になる。

梅《うめ》の木《き》がなる。　気《き》になる。
役者《やくしゃ》になる。

役者になる。

① マラソンのタイムをはかる。

他校《たこう》との交流《こうりゅう》をはかる。　勉強時間《べんきょうじかん》をはかる。
円《えん》の直径《ちょっけい》をはかる。　りんごの重《おも》さをはかる。

② 学校《がっこう》につく。

デパートにつく。　もちをつく。
明《あ》かりがつく。　きずがつく。

伝《つた》わりやすい文《ぶん》作《づく》り ①

名前

(1) 次《つぎ》の文《ぶん》について、（　）の言葉《ことば》を使《つか》って、①と②それぞれ意味《いみ》のことなる二《ふた》つの文《ぶん》に書《か》き表《あらわ》しましょう。

母《はは》がくるまで待《ま》っています。

①（来《く》る）

②（車《くるま》）

(2) 次《つぎ》の文《ぶん》について、（　）の言葉《ことば》と読点《とうてん》（、）を使《つか》って、①と②それぞれ意味《いみ》のことなる二《ふた》つの文《ぶん》に書《か》き表《あらわ》しましょう。

明日《あす》はいしゃに行《い》くつもりだ。

①（歯《は》医者《いしゃ》）

②（医者《いしゃ》）

伝《つた》わりやすい文《ぶん》作《づく》り ②

名前

● 次《つぎ》の文《ぶん》は、二通《ふたとお》りの意味《いみ》にとることができます。〔例《れい》〕のように、①・②の場合《ばあい》にそって、それぞれ読点《とうてん》（、）を一《いっ》か所《しょ》に打《う》って文《ぶん》を書《か》きましょう。

〔例《れい》〕 かわいいリボンのついたネックレスを買《か》う。

① リボンがかわいい場合《ばあい》

かわいいリボンのついた、ネックレスを買う。

② ネックレスがかわいい場合《ばあい》

かわいい、リボンのついたネックレスを買う。

・妹《いもうと》はあわててにげるねこを追《お》いかけた。

① ねこがあわてている場合《ばあい》

② 妹《いもうと》があわてている場合《ばあい》

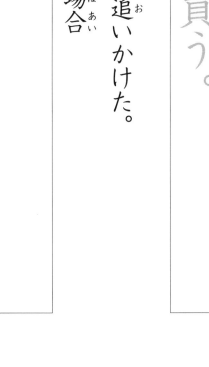

点《てん》（、）に気《き》をつけた文作《ぶんづく》り　①-(1)

名前

● 〈例《れい》〉のように、主語《しゅご》のあとに読点《とうてん》（、）を打《う》って、次《つぎ》の文《ぶん》を書《か》きましょう。

〈例《れい》〉わたしは毎朝《まいあさ》七時《しちじ》に起《お》きる。

わたしは、毎朝七時に起きる。

① 白《しろ》くまが氷《こおり》の上《うえ》でねむっている。

② 日本《にほん》の首都《しゅと》は東京《とうきょう》です。

③ みのむしはとてもかわいい。

④ ぼくとお父《とう》さんはよくにている。

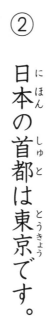

点《てん》（、）に気《き》をつけた文作《ぶんづく》り　①-(2)

名前

● 〔例《れい》〕のように、次《つぎ》の言葉《ことば》を使《つか》って文《ぶん》を作《つく》りましょう。
また、主語《しゅご》のあとに読点《とうてん》（、）を打《う》ちましょう。

〔例《れい》〕 わたし・先生《せんせい》・あいさつする

わたしは、先生にあいさつする。

① うさぎ・とても・さびしがり屋《や》

② 学校《がっこう》・先生《せんせい》・やりがいのある・仕事《しごと》

③ たんぽぽ・道《みち》ばた・さく

点《てん》（、）に気《き》をつけた文作《ぶんづく》り ②

名前

● 〔例〕《れい》のように、感動《かんどう》・よびかけ・返事《へんじ》などを表《あらわ》す言葉《ことば》のあとに読点《とうてん》（、）を打《う》って、文《ぶん》を書《か》きましょう。

〔例〕《れい》 もしもし立花《たちばな》さんですか。

もしもし、立花さんですか。

① ああなんて美《うつく》しい景色《けしき》なんだ。

② はいじゅ業《ぎょう》を始《はじ》めましょう。

③ あれメガネをどこに置《お》いたかな。

④ いえいえこちらこそありがとう。

気持《きも》ちを表《あらわ》す言葉《ことば》を使《つか》った文作《ぶんづく》り ①

名前

● 〈例《れい》〉のように、——線《せん》の気持《きも》ちを表《あらわ》す言葉《ことば》を使《つか》って文《ぶん》を作《つく》りましょう。
また、下《した》の□の言葉《ことば》を使《つか》って、文《ぶん》をつなぎましょう。

〈例《れい》〉 発表《はっぴょう》・順番《じゅんばん》・近《ちか》づいて・むねがどきどきする

発表の順番が近づいて、むねがどきどきする。

の　が

① 久《ひさ》しぶり・お出《で》かけ・うきうきする

の　なので

② 友《とも》だち・ケンカ・もやもやする

をして　と

③ すて犬《いぬ》・けが・していた・むねがいたんだ

ので　を　が

気持《きも》ちを表《あらわ》す言葉《ことば》を使《つか》った文作《ぶんづく》り ②

名前

● □から気持《きも》ちを表《あらわ》す言葉《ことば》を一《ひと》つずつ選《えら》んで、自由《じゆう》に文《ぶん》を作《つく》りましょう。（□の言葉《ことば》は、形《かたち》を変《か》えて使《つか》ってもかまいません。）

①

②

③

〈気持《きも》ちを表《あらわ》す言葉《ことば》〉

むねがいっぱい
切《せつ》ない
わくわくする
心《こころ》がふるえる
うっとりする
心苦《こころぐる》しい
すっきりする
うんざりする

手紙《てがみ》を書《か》こう

名前

次《つぎ》の手紙《てがみ》の（　）にあてはまる言葉《ことば》を、□から選《えら》んで書《か》きましょう。

（　　　　）

ぼくは、東小学校《ひがししょうがっこう》の橋本《はしもと》ゆうたといいます。

ぼくは、青森《あおもり》の伝統文化《でんとうぶんか》を調《しら》べる学習《がくしゅう》をしていて、（　　　　）。

ねぶた祭《まつ》りについて知《し》りたいと思《おも》っています。

そこで、ねぶた祭《まつ》りのれきしなどについて、教《おし》えていただけないでしょうか。

おいそがしいところ、お手数《てすう》ですが、（　　　　）。

（　　　　）。

（　　　　）

青森市立《あおもりしりつ》東小学校《ひがししょうがっこう》

（　　　　）

青森県立《あおもりけんりつ》郷土館《きょうどかん》

田中《たなか》　隆《たかし》　様《さま》

よろしくおねがいします

はじめまして

橋本《はしもと》　ゆうた

七月《しちがつ》二日《ふつか》

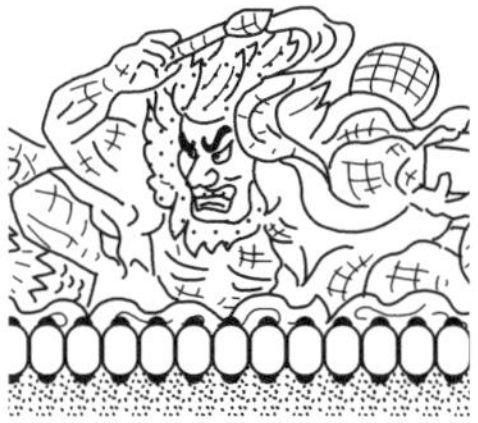

げんこう用紙《ようし》に書《か》こう ①

名前

● 次《つぎ》の文章《ぶんしょう》をげんこう用紙《ようし》に書《か》きましょう。

運動会《うんどうかい》

石田《いしだ》　はるか

先週《せんしゅう》の土曜日《どようび》、運動会《うんどうかい》が
ありました。
リレーのとき、みんなが
「がんばって。」
と、言《い》ってくれました。
うれしかったです。

運

石　はるか

先

リ

「

と、

う

げんこう用紙《ようし》に書《か》こう ②

名前

次《つぎ》の文章《ぶんしょう》をげんこう用紙《ようし》に書《か》きましょう。

好《す》きな教科《きょうか》

高橋《たかはし》　けんた

ぼくの好《す》きな教科《きょうか》は、国語《こくご》です。
なぜなら、いろいろな文章《ぶんしょう》を読《よ》むのが
おもしろいからです。ぼくのいちばん好《す》きな
文章《ぶんしょう》は、「白《しろ》いぼうし」です。

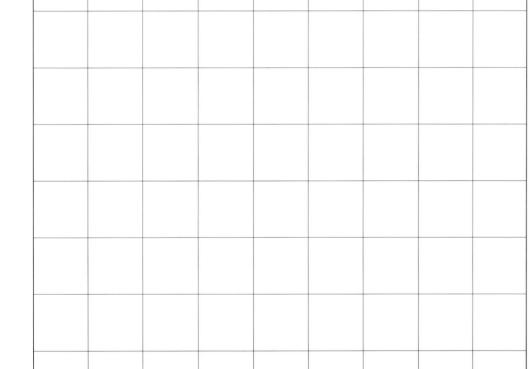

88頁

修飾語《しゅうしょくご》を使《つか》った文作《ぶんづく》り ①-(1)　名前

● 〔例《れい》〕のように、あてはまる修飾語《しゅうしょくご》を□から選《えら》んで、文《ぶん》を完成《かんせい》させましょう。

例《れい》 わたしは、急いで歩く。

急《いそ》いで　くっきりと

(1)
① にじが、はっきりと見える。
② 川が、ゆるやかに流れる。

ゆるやかに　はっきりと

(2)
① 風が、そよそよとふく。
② 星が、きらきらとかがやく。

きらきらと　そよそよと

89頁

修飾語《しゅうしょくご》を使《つか》った文作《ぶんづく》り ①-(2)　名前

● あてはまる修飾語《しゅうしょくご》を□から選《えら》んで、文《ぶん》を完成《かんせい》させましょう。

(1)
① わたしは、クッキーを焼く。
② 姉が、ピアノをひく。

ピアノを　クッキーを

(2)
① 白い花がさく。
② まぶしい光が差しこむ。

白《しろ》い　まぶしい

90頁

修飾語《しゅうしょくご》を使《つか》った文作《ぶんづく》り ①-(3)　名前

● あてはまる修飾語《しゅうしょくご》を□から選《えら》んで、文《ぶん》を完成《かんせい》させましょう。

(1)
① 今年の夏の思い出は、花火大会だ。
② 左の人が、ぼくの姉だ。

左《ひだり》の　今年《ことし》の夏《なつ》の

(2)
① 弟が、本屋から出てくる。
② 兄は、朝からカレーライスを食べる。

本屋《ほんや》から　朝《あさ》から

91頁

修飾語《しゅうしょくご》を使《つか》った文作《ぶんづく》り ②　名前

● 〔例《れい》〕のように、次《つぎ》の言葉《ことば》を使《つか》って文《ぶん》を作《つく》りましょう。
また――線《せん》の修飾語《しゅうしょくご》に気《き》をつけましょう。

例《れい》 わたし・ゆっくりと・歩《ある》く
わたしは、ゆっくりと歩く。

① さくら・きれいに・さく
さくらが、きれいにさく。

② 犬《いぬ》・ワンワン・ほえる
犬が、ワンワンほえる。

③ 妹《いもうと》・おやつ・食《た》べる
妹が、おやつを食べる。

④ 冷《つめ》たい・風《かぜ》・ふく
冷たい風がふく。

解答例

本書の解答は，あくまでもひとつの例です。児童に取り組ませる前に，必ず指導される方が問題を解いてください。指導される方の作られた解答をもとに，児童の多様な考えに寄り添って○つけをお願いします。

92頁

修飾語《しゅうしょくご》を使《つか》った文作《ぶんづく》り ③

名前

● 〈例《れい》〉のように、次《つぎ》の修飾語《しゅうしょくご》を使《つか》って自由《じゆう》に文《ぶん》を作《つく》りましょう。

〈例《れい》〉 ていねいに

わたしは、ていねいに字《じ》を書《か》く。

① とても

（例）ゾウの鼻は、とても長い。

② きれいな

（例）校庭にきれいな花がさく。

③ さらさらと

（例）小川が、さらさらと流れる。

④ 海《うみ》で

（例）海でビーチバレーをする。

93頁

つなぎ言葉《ことば》を使《つか》った文作《ぶんづく》り ①-(1)

名前

● 〈例《れい》〉のように、あてはまるつなぎ言葉《ことば》を□から選《えら》んで、文《ぶん》を完成《かんせい》させましょう。

〈例《れい》〉

外は大雨だ。

だから、かさを持って行く。

だから　しかし

(1)

① 妹は、あまいものが大好きだ。

けれども、ケーキを食べなかった。

② 兄は、ピアノがとく意だ。

そのうえ、バイオリンもひける。

そのうえ　けれども

(2)

① 勉強をしますか。

それとも、もうねますか。

② 宿題をわすれた。

それで、先生にしかられた。

それで　それとも

94頁

つなぎ言葉《ことば》を使《つか》った文作《ぶんづく》り ①-(2)

名前

● 次《つぎ》の文《ぶん》を□から選《えら》んだつなぎ言葉《ことば》を使《つか》って、二文《にぶん》に書《か》き直《なお》しましょう。

(1)

① 夜《よ》ふかししたので、ねぼうした。

↓

夜ふかしした。

だから、ねぼうした。

② 先生《せんせい》はいつもはやさしいが、おこるとこわい。

↓

先生は、いつもはやさしい。

しかし、おこるとこわい。

しかし　だから

(2)

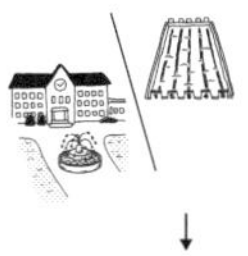

① 雨《あめ》がふっているけれど、かさを持《も》っていない。

↓

雨がふっている。

けれども、かさを持っていない。

② 学校《がっこう》には、プールがあるし、中庭《なかにわ》もある。

↓

学校には、プールがある。

それに、中庭もある。

けれども　それに

95頁

つなぎ言葉《ことば》を使《つか》った文作《ぶんづく》り ②

名前

● 〈例《れい》〉のように、次《つぎ》の文《ぶん》を□のつなぎ言葉《ことば》を使《つか》って、二文《にぶん》に書《か》き直《なお》しましょう。

〈例《れい》〉 それで

雪《ゆき》がふったので、雪《ゆき》だるまを作《つく》った。

雪がふった。

それで、雪だるまを作った。

① だから

毎日《まいにち》、勉強《べんきょう》をがんばったので、テストで満点《まんてん》をとった。

毎日、勉強をがんばった。

だから、テストで満点をとった。

② しかし

今日《きょう》は七夕《たなばた》だが、星《ほし》が見《み》えない。

今日は七夕だ。

しかし、星が見えない。

96 頁

つなぎ言葉《ことば》を使《つか》った文作《ぶんづく》り ③-(1)

名前

● 〈例《れい》〉のように、次《つぎ》のつなぎ言葉《ことば》につづく文《ぶん》を□から選《えら》んで、文《ぶん》を完成《かんせい》させましょう。

例《れい》

毎日、朝顔の水やりをした。
だから、花がさいた。

① 

ぼくは、家族に話しかけた。
しかし、だれも返事をしなかった。

② 

夏が好きだ。
なぜなら、夏休みがあるからだ。

花《はな》がさいた。　花《はな》がさかなかった。

みんな返事《へんじ》をした。　だれも返事《へんじ》をしなかった。

冬《ふゆ》も好《す》きだからだ。　夏休《なつやす》みがあるからだ。

96

97 頁

つなぎ言葉《ことば》を使《つか》った文作《ぶんづく》り ③-(2)

名前

● 〈例《れい》〉のように、次《つぎ》のつなぎ言葉《ことば》につづく文《ぶん》を□から選《えら》んで、文《ぶん》を完成《かんせい》させましょう。

例《れい》

ゆめをかなえたいなら、努力《どりょく》すべきだ。
そして、自分を信じることだ。

① 

毎日《まいにち》、マラソンの練習《れんしゅう》をした。
だが、一位にはなれなかった。

② 

明日《あす》は、早起《はやお》きして山《やま》に登《のぼ》る。
だから、いつもより早くねる。

③ 

サッカーは世界中《せかいじゅう》の人《ひと》に愛《あい》されている。
つまり、世界的なスポーツだ。

世界的《せかいてき》なスポーツだ。　いつもより早《はや》くねる。
自分《じぶん》を信《しん》じることだ。　一位《いちい》にはなれなかった。

97

98 頁

つなぎ言葉《ことば》を使《つか》った文作《ぶんづく》り ③-(3)

名前

● 〈例《れい》〉のように、次《つぎ》のつなぎ言葉《ことば》につづく文《ぶん》を□から選《えら》んで、文《ぶん》を完成《かんせい》させましょう。

例《れい》

わたしは、勉強が苦手だ。
でも、毎日がんばって勉強する。
なぜなら、役に立つからだ。

役《やく》に立《た》つからだ。　毎日《まいにち》がんばって勉強《べんきょう》する。

① 

たん生日プレゼントをもらった。
しかも、手紙がついていた。
だから、本当にうれしかった。

手紙《てがみ》がついていた。　本当《ほんとう》にうれしかった。

② 

わたしが住むマンションは、
ペットがかえない。
それでも、犬がかいたい。
そのため、引っこすつもりだ。

引《ひ》っこすつもりだ。　犬《いぬ》がかいたい。

98

99 頁

つなぎ言葉《ことば》を使《つか》った文作《ぶんづく》り ③-(4)

名前

● 次《つぎ》のつなぎ言葉《ことば》につづく文《ぶん》を□から選《えら》んで、文《ぶん》を完成《かんせい》させましょう。

① 

サルは、人間《にんげん》とにている部分《ぶぶん》が多《おお》い。
たとえば、道具を使う。
よって、共通のそ先をもっと
考えられる。

② 

彼女《かのじょ》は、とても頭《あたま》がいい。
しかも、スポーツもとく意だ。
だから、みんなのあこがれの的だ。

スポーツもとく意《い》だ。
共通《きょうつう》のそ先《せん》をもっと考《かんが》えられる。
道具《どうぐ》を使《つか》う。
みんなのあこがれの的《まと》だ。

99

解答例

本書の解答は，あくまでもひとつの例です。児童に取り組ませる前に，必ず指導される方が問題を解いてください。指導される方の作られた解答をもとに，児童の多様な考えに寄り添って○つけをお願いします。

100頁

ことわざを使《つか》った文作《ぶんづく》り ①-(1)　名前

● 次《つぎ》のことわざの意味《いみ》にあてはまるものを下《した》から選《えら》び、——線《せん》で結《むす》びましょう。

(1)
① さるも木《き》から落《お》ちる — その道《みち》にすぐれた者《もの》でも、時《とき》には失敗《しっぱい》すること。
② 泣《な》きっ面《つら》にはち — 不運《ふうん》や不幸《ふこう》が重《かさ》なること。
③ 馬《うま》の耳《みみ》にねんぶつ — 何《なに》を言《い》っても聞《き》く耳《みみ》をもたないこと。

(2)
① たなからぼたもち — 苦労《くろう》せずに思《おも》いがけず幸運《こううん》に出会《であ》うこと。
② 身《み》から出《で》たさび — 自分《じぶん》の行《おこな》いによって苦《くる》しむこと。
③ わらう門《かど》には福来《ふくき》たる — 笑《わら》っている人《ひと》には幸《しあわ》せがおとずれること。

100

101頁

ことわざを使《つか》った文作《ぶんづく》り ①-(2)　名前

● 次《つぎ》のことわざの意味《いみ》にあてはまるものを下《した》から選《えら》び、——線《せん》で結《むす》びましょう。

(1)
① 石《いし》の上《うえ》にも三年《さんねん》 — しんぼうしていれば、やがて成功《せいこう》すること。
② 急《いそ》がば回《まわ》れ — 急《いそ》ぐときは、きけんな近道《ちかみち》よりも、遠《とお》くても安全《あんぜん》な道《みち》を選《えら》ぶ方《ほう》がよいこと。
③ 後《あと》の祭《まつ》り — 後《こう》かいしても手《て》おくれなこと。

(2)
① えんの下《した》の力持《ちからも》ち — 人《ひと》のために、かげで努力《どりょく》や苦労《くろう》をすること（人《ひと》）。
② 一石二鳥《いっせきにちょう》 — 一《ひと》つのことをして、二《ふた》つの利《り》えきをえること。
③ ぜんは急《いそ》げ — 良《よ》いことはすぐに実行《じっこう》すべきであること。

101

102頁

ことわざを使《つか》った文作《ぶんづく》り ②　名前

● 〈例《れい》〉のように、——線《せん》のことわざを使《つか》って文《ぶん》を作《つく》りましょう。
また、下《した》の□の言葉《ことば》を使《つか》って、文《ぶん》をつなぎましょう。

〔例《れい》〕 テストの前日《ぜんじつ》・勉強《べんきょう》した・後《あと》の祭《まつ》りだった

テストの前日になって勉強したが、後の祭りだった。

（になって　が）

① 彼女《かのじょ》・このクラス・えんの下《した》の力持《ちからも》ちです

彼女は、このクラスのえんの下の力持ちです。

（の　は）

② 弟《おとうと》・注意《ちゅうい》した・馬《うま》の耳《みみ》にねんぶつだ

弟に注意したが、馬の耳にねんぶつだ。

（が　に）

③ たこ焼《や》きを買《か》う・安《やす》く・おいしい・一石二鳥《いっせきにちょう》だ

たこ焼きを買うと、安くておいしいので、一石二鳥だ。

（ので　と　て）

102

103頁

ことわざを使《つか》った文作《ぶんづく》り ③　名前

● 次《つぎ》の文《ぶん》に合《あ》うことわざを□から選《えら》び、文《ぶん》を完成《かんせい》させましょう。

① ちこくした上にわすれ物をするとは、泣きっ面にはちだ。

② わらう門には福来たるというから、毎日笑顔ですごそう。

③ 宝くじが当たった。まさに、たなからぼたもちだ。

〈ことわざ〉
わらう門《かど》には福来《ふくき》たる
たなからぼたもち
泣《な》きっ面《つら》にはち

103

104頁

故事成語《こじせいご》を使《つか》った文作《ぶんづく》り ①-(1)

名前

● 次《つぎ》の故事成語《こじせいご》の意味《いみ》にあてはまるものを下《した》から選《えら》び、——線《せん》で結《むす》びましょう。

(1)

① 矛盾《むじゅん》	つじつまが合《あ》っていないこと。
② 五十歩百歩《ごじゅっぽひゃっぽ》	たいして差《さ》がないこと。
③ 四面楚歌《しめんそか》	周《まわ》りがてきばかりであること。

(2)

① 漁夫《ぎょふ》の利《り》	両者《りょうしゃ》の争《あらそ》いにつけこんで、第三者《だいさんしゃ》がとくをすること。
② 推敲《すいこう》	文章《ぶんしょう》を何度《なんど》も読《よ》んで、ねり直《なお》すこと。
③ 他山《たざん》の石《いし》	他人《たにん》の失敗《しっぱい》を教訓《きょうくん》にすること。

105頁

故事成語《こじせいご》を使《つか》った文作《ぶんづく》り ①-(2)

名前

● 次《つぎ》の故事成語《こじせいご》の意味《いみ》にあてはまるものを下《した》から選《えら》び、——線《せん》で結《むす》びましょう。

(1)

① 杞憂《きゆう》	いらない心配《しんぱい》をむやみにすること。
② 竹馬《ちくば》の友《とも》	おさないころからの親《した》しい友人《ゆうじん》。
③ 有終《ゆうしゅう》の美《び》をかざる	最後《さいご》までやりとげ、りっぱな結果《けっか》を残《のこ》すこと。

(2)

① 蛍雪《けいせつ》の功《こう》	苦労《くろう》して学問《がくもん》にはげむこと。
② 蛇足《だそく》	あっても役《やく》に立《た》たない、よけいなもの。
③ 温故知新《おんこちしん》	昔《むかし》のことを調《しら》べ、そこから新《あら》しい知《ち》しきをえること。

106頁

故事成語《こじせいご》を使《つか》った文作《ぶんづく》り ②

名前

● 〈例《れい》〉のように、——線《せん》の故事成語《こじせいご》を使《つか》って文《ぶん》を作《つく》りましょう。
また、下《した》の□の言葉《ことば》を使《つか》って、文《ぶん》をつなぎましょう。

〈例《れい》〉 二人《ふたり》・泳《およ》ぐ速《はや》さ・五十歩百歩《ごじゅっぽひゃっぽ》だ

二人の泳ぐ速さは、五十歩百歩だ。

の　は

① ぼくたち・竹馬《ちくば》の友《とも》です

ぼくたちは、竹馬の友です。

は

② 姉《あね》・最後《さいご》の大会《たいかい》・有終《ゆうしゅう》の美《び》をかざる

姉は、最後の大会で、有終の美をかざる。

で　は

③ わたし・蛍雪《けいせつ》の功《こう》・積《つ》むこと・高校《こうこう》・合格《ごうかく》した

わたしは、蛍雪の功を積むことで、高校に合格した。

は　で　に　を

107頁

故事成語《こじせいご》を使《つか》った文作《ぶんづく》り ③

名前

● 次《つぎ》の文《ぶん》に合《あ》う故事成語《こじせいご》を□から選《えら》び、文《ぶん》を完成《かんせい》させましょう。

① 試合で勝ちたいのに練習しないのは、矛盾している。

② 友だちの失敗を他山の石として、ぼくも気をつけよう。

③ わたしは地しんが来る心配をしていたが、杞憂だったようだ。

〈故事成語《こじせいご》〉
杞憂《きゆう》　矛盾《むじゅん》　他山《たざん》の石《いし》

本書の解答は，あくまでもひとつの例です。児童に取り組ませる前に，必ず指導される方が問題を解いてください。指導される方の作られた解答をもとに，児童の多様な考えに寄り添って○つけをお願いします。

108頁

いろいろな意味《いみ》をもつ言葉《ことば》を使《つか》った文作《ぶんづく》り ①

名前

● 〔例《れい》〕のように、ひく という言葉《ことば》を使《つか》って、意味《いみ》のことなる三《みっ》つの文《ぶん》を作《つく》りましょう。

〔例《れい》〕 とる

わたし・朝食《ちょうしょく》

わたしは、朝食をとる。

テスト・満点《まんてん》

テストで満点をとる。

山《やま》・虫《むし》

山で虫をとる。

ひく

姉《あね》・ギター

姉がギターをひく。

運動会《うんどうかい》・つな

運動会でつなをひく。

妹《いもうと》・かぜ

妹がかぜをひく。

109頁

いろいろな意味《いみ》をもつ言葉《ことば》を使《つか》った文作《ぶんづく》り ②

名前

● 〔例《れい》〕のように、——線《せん》の言葉《ことば》が次《つぎ》の文《ぶん》と同《おな》じ意味《いみ》で使《つか》われているものを[ ]から一《ひと》つ選《えら》び、文《ぶん》を書《か》きましょう。

〔例《れい》〕 生徒会長《せいとかいちょう》になる。

梅《うめ》の木《き》がなる。　気《き》になる。
役者《やくしゃ》になる。

役者になる。

① マラソンのタイムをはかる。

他校《たこう》との交流《こうりゅう》をはかる。　勉強時間《べんきょうじかん》をはかる。
円《えん》の直径《ちょっけい》をはかる。　りんごの重《おも》さをはかる。

勉強時間をはかる。

② 学校《がっこう》につく。

デパートにつく。　もちをつく。
明《あ》かりがつく。　きずがつく。

デパートにつく。

110頁

伝《つた》わりやすい文作《ぶんづく》り ①

名前

(1) 次《つぎ》の文《ぶん》について、（ ）の言葉《ことば》を使《つか》って、①と②それぞれ意味《いみ》のことなる二《ふた》つの文《ぶん》に書《か》き表《あらわ》しましょう。

母《はは》がくるまで待《ま》っています。

① （来《く》る）

母が来るまで待っています。

② （車《くるま》）

母が車で待っています。

(2) 次《つぎ》の文《ぶん》について、（ ）の言葉《ことば》と読点《とうてん》（、）を使《つか》って、①と②それぞれ意味《いみ》のことなる二《ふた》つの文《ぶん》に書《か》き表《あらわ》しましょう。

明日《あす》はいしゃに行《い》くつもりだ。

① （歯医者《はいしゃ》）

明日、歯医者に行くつもりだ。

② （医者《いしゃ》）

明日は、医者に行くつもりだ。

111頁

伝《つた》わりやすい文作《ぶんづく》り ②

名前

● 次《つぎ》の文《ぶん》は、二通《ふたとお》りの意味《いみ》にとることができます。〔例《れい》〕のように、①・②の場合《ばあい》にそって、それぞれ読点《とうてん》（、）を一《いっ》か所《しょ》に打《う》って文《ぶん》を書《か》きましょう。

〔例《れい》〕 かわいいリボンのついたネックレスを買《か》う。

① リボンがかわいい場合《ばあい》

かわいいリボンのついた、ネックレスを買う。

② ネックレスがかわいい場合《ばあい》

かわいい、リボンのついたネックレスを買う。

・ 妹《いもうと》はあわてててにげるねこを追《お》いかけた。

① ねこがあわてている場合《ばあい》

妹は、あわててにげるねこを追いかけた。

② 妹《いもうと》があわてている場合《ばあい》

妹はあわてて、にげるねこを追いかけた。

112頁

点《てん》(、)に気《き》をつけた文作《ぶんづく》り ①-(1)

名前

● 〈例《れい》〉のように、主語《しゅご》のあとに読点《とうてん》(、)を打《う》って、次《つぎ》の文《ぶん》を書《か》きましょう。

〔例《れい》〕わたしは毎朝七時《まいあさしちじ》に起《お》きる。

わたしは、毎朝七時に起きる。

① 白《しろ》くまが氷《こおり》の上《うえ》でねむっている。

白くまが、氷の上でねむっている。

② 日本《にほん》の首都《しゅと》は東京《とうきょう》です。

日本の首都は、東京です。

③ みのむしはとてもかわいい。

みのむしは、とてもかわいい。

④ ぼくとお父《とう》さんはよくにている。

ぼくとお父さんは、よくにている。

113頁

点《てん》(、)に気《き》をつけた文作《ぶんづく》り ①-(2)

名前

● 〈例《れい》〉のように、次《つぎ》の言葉《ことば》を使《つか》って文《ぶん》を作《つく》りましょう。また、主語《しゅご》のあとに読点《とうてん》(、)を打《う》ちましょう。

〔例《れい》〕わたし・先生《せんせい》・あいさつする

わたしは、先生にあいさつする。

① うさぎ・とても・さびしがり屋《や》

うさぎは、とてもさびしがり屋だ。

② 学校《がっこう》・先生《せんせい》・やりがいのある・仕事《しごと》

学校の先生は、やりがいのある仕事です。

③ たんぽぽ・道《みち》ばた・さく

たんぽぽが、道ばたにさく。

114頁

点《てん》(、)に気《き》をつけた文作《ぶんづく》り ②

名前

● 〈例《れい》〉のように、感動《かんどう》・よびかけ・返事《へんじ》などを表《あらわ》す言葉《ことば》のあとに読点《とうてん》(、)を打《う》って、文《ぶん》を書《か》きましょう。

〔例《れい》〕もしもし立花《たちばな》さんですか。

もしもし、立花さんですか。

① ああなんて美《うつく》しい景色《けしき》なんだ。

ああ、なんて美しい景色なんだ。

② はいじゅ業《ぎょう》を始《はじ》めましょう。

はい、じゅ業を始めましょう。

③ あれメガネをどこに置《お》いたかな。

あれ、メガネをどこに置いたかな。

④ いえいえこちらこそありがとう。

いえいえ、こちらこそありがとう。

115頁

気持《きも》ちを表《あらわ》す言葉《ことば》を使《つか》った文作《ぶんづく》り ①

名前

● 〈例《れい》〉のように、——線《せん》の気持《きも》ちを表《あらわ》す言葉《ことば》を使《つか》って文《ぶん》を作《つく》りましょう。また、下《した》の□の言葉《ことば》を使《つか》って、文《ぶん》をつなぎましょう。

〔例《れい》〕発表《はっぴょう》・順番《じゅんばん》・近《ちか》づいて・むねがどきどきする

発表の順番が近づいて、むねがどきどきする。

が　の

① 久《ひさ》しぶり・お出《で》かけ・うきうきする

久しぶりのお出かけなので、うきうきする。

の　なので

② 友《とも》だち・ケンカ・もやもやする

友だちとケンカをして、もやもやする。

をして　と

③ すて犬《いぬ》・けが・していた・むねがいたんだ

すて犬がけがをしていたので、むねがいたんだ。

ので　を　が

本書の解答は，あくまでもひとつの例です。児童に取り組ませる前に，必ず指導される方が問題を解いてください。指導される方の作られた解答をもとに，児童の多様な考えに寄り添って○つけをお願いします。

116頁

気持《きも》ちを表《あらわ》す言葉《ことば》を使《つか》った文作《ぶんづく》り ②

名前

● □から気持《きも》ちを表《あらわ》す言葉《ことば》を一《ひと》つずつ選《えら》んで、自由《じゆう》に文《ぶん》を作《つく》りましょう。（□の言葉《ことば》は、形《かたち》を変《か》えて使《つか》ってもかまいません。）

① （例）わたしは、明日の遠足が楽しみで、わくわくする。

② （例）すてきなえんそうに、観客がうっとりする。

③ （例）夏休みの宿題がすべて終わったので、わたしはすっきりした。

〈気持《きも》ちを表《あらわ》す言葉《ことば》〉
むねがいっぱい
切《せつ》ない
わくわくする
心《こころ》がふるえる
うっとりする
心苦《こころぐる》しい
すっきりする
うんざりする

116

117頁

手紙《てがみ》を書《か》こう

名前

● 次《つぎ》の手紙《てがみ》の（　）にあてはまる言葉《ことば》を、□から選《えら》んで書《か》きましょう。

（はじめまして）。

ぼくは、東小学校《ひがししょうがっこう》の橋本《はしもと》ゆうたといいます。

ぼくは、青森《あおもり》の伝統文化《でんとうぶんか》を調《しら》べる学習《がくしゅう》をしていて、ねぶた祭《まつ》りについて知《し》りたいと思《おも》っています。

そこで、ねぶた祭《まつ》りのれきしなどについて、教《おし》えていただけないでしょうか。

おいそがしいところ、お手数《てすう》ですが、

（よろしくおねがいします）。

（七月二日）

青森市立東小学校《あおもりしりつひがししょうがっこう》
（橋本　ゆうた）

青森県立郷土館《あおもりけんりつきょうどかん》
田中《たなか》　隆《たかし》　様《さま》

橋本《はしもと》　ゆうた
七月二日《しちがつふつか》
よろしくおねがいします
はじめまして

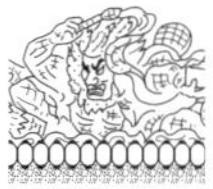

117

118頁

げんこう用紙《ようし》に書《か》こう ①

名前

● 次《つぎ》の文章《ぶんしょう》をげんこう用紙《ようし》に書《か》きましょう。

運動会《うんどうかい》
石田《いしだ》　はるか
先週《せんしゅう》の土曜日《どようび》、運動会《うんどうかい》が
ありました。
リレーのとき、みんなが
「がんばって。」
と、言《い》ってくれました。
うれしかったです。

運動会
石田　はるか
先週の土曜日、運動会が
ありました。
リレーのとき、みんなが
「がんばって。」
と、言ってくれました。
うれしかったです。

118

119頁

げんこう用紙《ようし》に書《か》こう ②

名前

● 次《つぎ》の文章《ぶんしょう》をげんこう用紙《ようし》に書《か》きましょう。

好《す》きな教科《きょうか》
高橋《たかはし》　けんた
ぼくの好《す》きな教科《きょうか》は、国語《こくご》です。
なぜなら、いろいろな文章《ぶんしょう》を読《よ》むのが
おもしろいからです。ぼくのいちばん好《す》きな
文章《ぶんしょう》は、「白《しろ》いぼうし」です。

好きな教科
高橋　けんた
ぼくの好きな教科は、
国語です。
なぜなら、いろいろな
文章を読むのがおもしろ
いからです。ぼくのいち
ばん好きな文章は、「白
いぼうし」です。

119

喜楽研の支援教育シリーズ
もっと　ゆっくり　ていねいに学べる　　個別指導に最適

作文ワーク 基礎編 4-① 「読む・写す・書く」

光村図書・東京書籍・教育出版の教科書教材より抜粋

2023 年 4 月 2 日

イ ラ ス ト：山口　亜耶・日向　博子・白川　えみ　他
表紙イラスト：鹿川　美佳
表紙デザイン：エガオデザイン
企 画 ・ 編 著：原田　善造・あおい　えむ・堀越　じゅん・今井　はじめ・さくら　りこ
中　あみ・中　えみ・中田　こういち・なむら　じゅん・はせ　みう
ほしの　ひかり・みやま　りょう（他４名）
編 集 担 当：田上　優衣

発　行　者：岸本　なおこ
発　行　所：喜楽研（わかる喜び学ぶ楽しさを創造する教育研究所：略称）
〒604-0827　京都府京都市中京区高倉通二条下ル瓦町 543-1
TEL 075-213-7701　　FAX 075-213-7706　　HP https://www.kirakuken.co.jp
印　　　刷：株式会社米谷

ISBN : 978-4-86277-439-2

Printed in Japan